HERMES

在古希腊神话中,赫耳墨斯是宙斯和迈亚的儿子,奥林波斯神们的信使,道路与边界之神,睡眠与梦想之神,亡灵的引导者,演说者、商人、小偷、旅者和牧人的保护神……

西方传统 经典与解释 **HERMES**
Classici et Commentarii
沃格林集

刘小枫 ● 主编

自传体反思录
Autobiographical Reflections

［美］沃格林 Eric Voegelin ｜ 口述
［美］桑多兹 Ellis Sandoz ｜ 整理
段保良 ｜ 译

华夏出版社

古典教育基金·"资龙"资助项目

"沃格林集"出版说明

沃格林（1901—1984）出生于德国古城科隆，小学时随家迁居奥地利，后来就读维也纳大学。博士期间虽然攻读的是政治学，沃格林却喜欢哲学和法学，真正师从的老师是自由主义法学大师凯尔森，心目中的偶像则是当时的学界思想泰斗韦伯。不过，沃格林虽荣幸作过凯尔森的助教，后来却成了自由主义最为深刻的批判者之一。

念博士时，沃格林就显得才华横溢，博士毕业即获洛克菲勒奖学金访学美国，回国后写下处女作《论美国精神的形式》(*On the Form of the American Mind*)。纳粹吞并奥地利之后，沃格林流亡美国（1938年），数年后在美国Baton城的路易斯安那州立大学谋得教职（1942年）。此前沃格林曾与一家出版公司签约，要为大学生撰写一部《西方政治思想史》简明教科书。但出版社和沃格林本人都没想到：本来约好写两百来页"简史"，沃格林却写了近四千页，即便如此，仍觉得没把西方政治思想史的要事说清楚。这个写作计划由于外在和内在原因最终废置，变成了一堆"政治观念史稿"。

废置"史稿"的外在原因并不仅仅是"卷帙过大"，还因为沃格林的写法不合"学术规范"。当时（现在同样如此）的"学术规范"是：凡学问要讲究学科划分，哲学史、文学史、宗教史、史学史、政治思想史、经济思想史，得分门别类地写。沃格林的"史稿"打破这种现代式学术藩篱，仅就这一点来说，这部"史稿"不仅对西方学界意义重大，对我们来说同样如此。依笔者陋见，在林林总总的各色西方政治思想史中，经后人整理的沃格林《政治观念史稿》（八卷）最为宏富、最富启发性，剖析我们关切的问题，迄今无出其右者。

沃格林觉得，即便写大学教科书，也应该带着自己的问题意识来写。《政治观念史》的问题意识是：已经显露出种种凶相的现代性究竟怎么回事情，又是怎么来的？废置"史稿"的内在原因就在于，沃格林以政治思想史方式展开对现代性问题的探究时，思想发生了转变，因此他决心推倒已经成形的"观念史"，从头来过。起初，沃格林力图搞清楚西方各历史阶段的主导性观念与生活实在之间的关系，但在写作过程中他发现，"象征"而非"观念"与生活实在的关系更为根本。于是他另起炉灶，大量运用"史稿"已有材料，撰成后来成为其标志性著作的多卷本《秩序与历史》（*Order and History*）以及其他重要文集。我们奇怪如今的《政治观念史稿》何以仅从"希腊化时期"开始，其实，此前的材料大多用去撰写《秩序与历史》的前四卷了。沃格林启发我们：除非中国学人已经打算在西方现代性思想中安家并与某个现代或后现代"大师"联姻生育后代，否则我们必须随时准备从头开始认识西方传统。而沃格林的"政治观念史稿",正是我们可能会有的无数次从头开始的契机之一。毕竟,这部被废置的近两千页"史稿"本身,就是沃格林亲身从头开始的见证。

1951年,沃格林应邀在芝加哥大学做讲座,次年,讲稿以"新政治科学"为题出版,成为沃格林思想成熟的标志。随后,沃格林全力撰写多卷本《秩序与历史》,时有其他专题文集问世。1958年,沃格林返回德国,执教慕尼黑大学哲学系,并创建慕尼黑大学"政治学研究所"。然而在战后的德语学界,沃格林的学问几乎没有留下影响痕迹,着实令人费解。退休以后,沃格林再度赴美,继续撰写因各种事务搁置的《秩序与历史》后两卷。

在思考世界文明的历史性危机方面,施特劳斯和沃格林无疑是20世纪最为重要的思想家——在笔者看来,二人精深的哲思和广袤的视野,西方学界迄今无人能与比肩。沃格林去世后,他的美国弟子着手编辑《沃格林集》,成34卷(含索引一卷,书信两卷)。除5卷本《秩序与历史》和8卷本《政治观念史稿》外,还有6卷《已刊文集》(Published Essays),以及其他自编文集和未刊文稿。沃格林学述将艰深的现象学思辨与广博的史学视野熔为一炉,汉译殊为不易,译者极难寻觅。我们只能耐心等待胜任的译者,陆续择要迻译。

古典文明研究工作坊
西方典籍编译部乙组
2016年3月

沃格林（1980）

In consideratione creaturarum non est vana et peritura curiositas exercenda; sed gradus ad immortalia et semper manentia faciendus.

研究被造物时，不应该施展徒劳无益和日渐消磨的好奇心，而应该向那永恒而持存者攀升。

圣奥古斯丁,《论真宗教》

目　录

《沃格林全集》第 34 卷编者导言 ………………………………… 1
引言 …………………………………………………………………… 1

自传体反思录

1　维也纳大学 ……………………………………………… 19
2　中　学 …………………………………………………… 26
3　韦　伯 …………………………………………………… 29
4　比较知识 ………………………………………………… 32
5　格奥尔格和克劳斯 ……………………………………… 34
6　纯粹法理论：新康德主义方法论 ……………………… 38
7　政治的刺激 ……………………………………………… 42
8　我的博士论文 …………………………………………… 44
9　1921 年或 1922 年在牛津 ……………………………… 45

10 美国的影响 ························ 46

11 在法国那年 ························ 52

12 回到维也纳 ························ 57

13 德奥合并与移民美国 ················ 61

14 意识形态、个人政治与发表作品 ······ 65

15 1938年移民 ······················· 74

16 在美国的生活:从哈佛到路大 ········ 77

17 从政治观念到经验符号 ·············· 82

18 舒尔茨与意识理论 ·················· 90

19 秩序与失序 ························ 95

20 《秩序与历史》的背景 ·············· 98

21 教学生涯 ························· 105

22 为何搞哲学?为了重新捕获实在! ··· 114

23 历史哲学 ························· 124

24 真理的范围、恒常、遮蔽和等值 ···· 131

25 意识、神之临在和神秘哲学家 ······ 135

26 革命、开放社会和院校 ············ 138

27 终末论与哲学:练习死亡 ·········· 143

索引 ································ 147
译后记 ······························ 165

《沃格林全集》第 34 卷编者导言

《沃格林全集》(*The Collected Works of Eric Voegelin*)[①]最后一卷包括沃格林的《自传体反思录》(*Autobiographical Reflections*),据 1989 年版重印,加了一些注释,另外还收入了沃格林著作术语汇编简释、本卷索引和累积索引。这份累积索引涵盖《全集》各卷,唯不包括《政治观念史》(*History of Political Ideas*)和《通信选集》(*Selected Correspondence*)(第 29、30 卷),《政治观念史》本身的累积索引是第 26 卷的重要内容,《通信选集》目前尚未杀青。[②]

在《自传体反思录》中,我并不打算添加详尽的注释,而是想给出一些提示,以指出谈话中说到的许多问题,沃格林至少在《全集》中的某些地方给予了更专业、更充分的关注。

[①] 以下简称《全集》(*CW*)。

[②] 《通信选集:1950—1984》(《全集》第 30 卷)和《通信选集:1924—1949》(《全集》第 29 卷)已先后于 2007 年和 2009 年推出。

这些提示本身是必要的，有助于补充细节，特别是在1973年《自传体反思录》出版以后完成的一些著作中的情况。在准备术语汇编时，我们也采用了同样的方法。这份术语表是尤金·韦布（Eugene Webb）根据许多材料编写的，笔者做了增补，但仍称不上是一份完整的沃格林专业术语汇编。沃格林本人是一位通晓十多门语言的饱学之士，他的词汇经常被人视为通向理解之路的绊脚石。这份术语表根据作者的著述列举、界定和阐明他所使用的许多关键术语，特别关注希腊术语。希望特别是新的读者们发现，在他们阅读《全集》中的那些重要作品时，这两篇文字会增进理解。最后，本卷所包含的索引，为理解整部《全集》的内容提供了一个更加全面的入口。鉴于其中系统地包括名称、主题、观念、著作、术语，所以这一卷压轴之作，对于任何想要严肃地研究沃格林的全部作品的人而言，将是不可或缺的助手。

本版的每一卷都含有一篇由编者撰写的学术性导言，为纳入该卷的素材提供见解和评论。此外，八卷本的《政治观念史》（《全集》第19-26卷）还有一篇总序，收入其第一卷。本卷的《自传体反思录》也有一篇导言，我在2005年稍稍作了修订和扩充，以收入《全集》发表。这些不同的导言如果汇总起来，或许本身就会构成一本有分量的专业分析和评注，内容涵盖了沃格林自1921年第一次公开发表文章到其遗著《寻求秩序》[①]的全部作品。

对于任何开始注意到这些著作的人而言，沃格林作为一位

---

① 《秩序与历史》卷五（1987），收于《全集》第18卷（2000）。

伟大的学者，其作品的恢弘壮观的范围和深度都显而易见。不过，这些作品很少显示出沃格林作为一位教师——他是一位极卓越的教师——的明证，这本《自传体反思录》第21节可以发现的几页文字是主要的例外。在芝加哥召开的第20届沃格林学会国际会议上，我们多少想弥补这一缺憾，就在广受好评的关于2004年美国政治学学会计划的圆桌会议上讨论了这个问题。① 但是，鉴于沃格林在漫长的职业生涯中都是以教书为生，在其全部作品中，他十分刻意地追求讲授和说服、探索和启迪，因此在这里就沃格林的教学方法和他作为教师的角色谈上几句，或许有所裨益。

我第一次见到沃格林时还是路易斯安那州立大学的一个懵懂的本科生。当时我选修了他的一门主课，是给大三和大四学生开的政治理论研究，然后我一直读到在他的指导下写硕士论文。第一堂课过后十五年（其间在美国海军待了近三年，加上在海德堡学习了两年），我继续在慕尼黑大学跟着他取得了博士学位。根据我在路易斯安那和德国的经历，我可以说，沃格林博士在课堂上是一位令人敬畏的、富有吸引力的人物，无论是讲授课还是讨论课。他的讲授课充满力量，清晰透彻，引人入胜，根据简明扼要的按语和提纲，以即兴发挥的方式讲清楚复杂的材料，从不照本宣科。每节课似乎都有其特殊时刻，随着向未知水域的智识航行，通常有一种历险的感

---

① "作为教学名师的沃格林"（Eric Voegelin as Master Teacher），沃格林学会第五小组会议。发言和论文刊于沃格林学会的网页：http://www.ericvoegelin.org。

觉。沃格林的课绝不平庸，正因如此，吸引了来自全校以及一般大众的学生和旁听者。他的硕士生讨论课（当时那里还没有博士点），傍晚在他于巴吞鲁日的家中举行，房子的女主人（莉茜·沃格林［Lissy Voegelin］）在一旁倾听，课间休息时讲究地端上茶点。我记得有一次讨论课是读亚里士多德《形而上学》（Metaphysics）第11卷，在一个学期里，我们每次课的前半段时间逐字逐句地研读这本书，沃格林对照希腊原文核查译文、校正、改进和讲解文本。然后，每周聚会的后半段时间讨论学生提交的其他课上布置的各种题目的论文。我在慕尼黑参加的第一次讨论课上也遵循了同样的做法，细读柏拉图的《普罗塔戈拉》（Protagoras），逐字逐句地讨论。其间他发现自己在《城邦世界》（The World of the Polis）给出的分析中，有一个解释性的观点是错误的，并说下次重印该书时要予以修正。① 在慕尼黑的路德维希—马克西米利安大学，讨论班更大、更正式，一般在政治科学研究所里举行，这个研究所是沃格林1958年受聘为慕尼黑大学教授后创建的。

总之，沃格林博得了学生的关注和尊重，他表明自己是懂行的重要人物。他坚定不移地相信，古典希腊哲学是政治科学的基础：讲课的材料正是根据这个融贯的起点来呈现的。对真理的热忱以及希望向学生传播真理的欲望，使每一次讲授和讨论都富有启发，所探讨的问题始终体现出，趋向于实在之神性根基的紧张是探讨人之处境和政治问题的重要背景。对实在境

---

① 《秩序与历史》卷二（1957），《全集》第15卷，第11章，第3节。

域敞开的意识,拒绝对实在加以删削或者拒绝赞同任何类型的还原主义构造的意识,鼓励学生们作为讨论的伙伴而不只是吸收与自己毫不相干的信息的听众,灵活机智地致力于对复杂材料的检讨。这又进一步鼓励学生们在理解过程中同情地运用自己的常识以及智识的和信仰的经验,这个理解过程需要个人反思意识里的内容,这多少包含在廊下派的"看看是否如此"的模式里——亦即通过个人的理解和质疑来检验分析性的话语。

因此从某种意义上讲,沃格林和他的课堂实际上是按照他在讲授课和讨论课上所讲的教诲来搞科学(science),我们每个人都知道这就是我们正在做的事情:学生们参与了一种令人信服的探索,可理解为对真理——至关重要的真理——的探索。

如此看来,正如上面已提到的,在沃格林的大部分作品中,无论是已发表的作品还是四处讲学交流所用的作品,教化(teaching)显然处在十分接近于核心的位置。正如他在1972年给塔夫茨大学弗莱彻学院做的一次报告中说:

> 创建[慕尼黑大学政治科学研究所]使[我]有机会在当代科学的水平上从开端建立政治科学。可以避开描述性的制度论、历史实证主义以及形形色色的左派和右派意识形态意见的常见掣肘……有可能建设这样一套课程体系,其核心课程和讨论课是关于古典政治学以及强调洛克和《联邦党人文集》的英美政治学。①

---

① William Petropulos 和 Gilbert Weiss 编,《人性的戏剧和其他杂著,1939—1985》(*The Drama of Humanity and Other Miscellaneous Papers*,

沃格林的教学方法清楚地表明了他思想的沉思基础。他从不讳言上帝，经常向持有世俗头脑的听众（尤其是向更具意识形态化思维的慕尼黑学生）强调，科学（science）由经验和理性控制，你不能"背向启示"然后妄称它（亦即领悟性的灵魂经验）从来没有发生过。信仰（faith）的经验基础在美国，尤其是在他教了十六年书的路易斯安那更容易找到信仰的经验基础。① 实际上，他一直以不同的方式讲述"不朽的拯救神话"（saving tale of immortality），并怀抱着一种信念，认为对超越的经验于人之存在至关重要，这也是他在发表的作品中反复强调的。这一点，不是出于"虔诚的"争辩或苍白的假定，而是具有科学的支撑，其基础是批判地探明对于所讨论的各种题目不可或缺的历史事实。一位教授应该教授某种东西，在他看来，这种东西就是冷静探明的真理——沃格林这么想，而且经常这么说。这是马克斯·韦伯（Max Weber）意义上的"知性的诚实"的标志，实为科学客观性的命脉。

他讲课时有效地利用板书；课上通常带着一种令人愉快而轻松风趣的语调，这种语调从精神上讲是苏格拉底式的：他偶尔会说，我们正在探讨重要的问题，但我们在这里对问题的处

1939-1985）（2004），《全集》第 33 卷，页 348。

① 参看 Barry Cooper，《沃格林与现代政治科学的基础》（*Eric Voegelin and the Foundations of Modern Political Science*，Columbia: University of Missouri Press, 1999，尤其是第 1、2 章；另外，参看 Charles R. Embry 编，《海尔曼与沃格林的文字之谊：1944—1984》（*Robert B. Heilman and Eric Voegelin: A Friendship in Letters, 1944-1984*），Champlin B. Heilman 作序（Columbia: University of Missouri Press, 2004）。

理或许并不是非常重要。不过，在限定的场合里，他的目的显然是严肃的。师生互动时间他都一丝不苟地遵守，但学生们只想解决他们前来求教的问题而不太情愿待更长的时间。多少有点滑稽的是，学生们在用许多愚蠢的问题占用这位教授的时间时，他们或许是在妨碍文明本身的进步。

尽管沃格林一般来讲对本科生很和蔼，而且通常给分数相当慷慨，然而要是碰上懒惰的蠢货，他就会变成他们的克星。他说：

> 我这辈子总是要在我的讨论课伊始就向学生说明：世上没有一种东西，叫作成为蠢人的权利；世上没有一种东西，叫作成为文盲的权利；世上没有一种东西，叫作成为无能之辈的权利。①

他在争辩中极有杀伤力。在公开的争辩中，如果你是一名教员，你讲话不知所云，那么但愿老天保佑你吧。

路易斯安那大学稍早一代学生对沃格林的印象，是由威廉·C·哈佛（William C. Havard）提供的，他在大学二年级就开始去上沃格林的课，后来成为路易斯安那大学政治系主任。他写道：

> 作为一位教师，沃格林从来不故弄玄虚；他的影响纯粹基于他引人注目的渊博学问，以及他头脑的分析能力。

---

① 《全集》第33卷，页419。

如果一个人没有能力理解他的原话，那么他的讲授或许听起来会显得单调乏味，因为语句滔滔不绝加上缺乏抑扬顿挫，就会造成一种平铺直叙的感觉，换在一个思想不如沃格林那样精彩的人身上，这种平铺直叙会令人难以忍受。我听了他多年的课，先是作为本科生，后来作为研究生，再后来作为一个年轻的同事，当我听到业内同事吹毛求疵说他"傲慢"和"固执"时，我总是惊讶不已。我一直认为，他对学生格外体贴，帮助他们理解问题极有耐心，在分数问题上也有点心慈手软。①

就沃格林在慕尼黑的教学而言，好在主要的文献是他在那里讲的"政治科学导论"，授课录音已发表为《希特勒和德国人》一书。② 这是 1964 年夏季学期沃格林做的一系列讲座的一字不差的录音整理，显然是一本独一无二的政治科学导论。我在此无意对这些讲座加以分析或概括，因为对于任何有兴趣的读者来说，这本书都很容易获得。但是，人们可以赞同该书编者的断言，亦即这"无疑是慕尼黑大学文科学院中最精彩的课程"。原因不难发现，

---

① William C. Havard，《沃格林的历史和意识概念的变化模式》（The Changing Pattern of Voegelin's Conceptions of History and Consciousness），载于 *Southern Review* n.s. 7，1971，页 59。引自 Ellis Sandoz，《沃格林革命：传记体引论》（*The Voegelinian Revolution: A Biographical Introduction*，2nd ed., New Brunswick, N.J.: Transaction Pubs., 2000），页 75。

② 《全集》第 31 卷（1999），Detlev Clemens 和 Brendan Purcell 译。

在大多数学生看来,就像其中一个学生后来描述的那样,这是"他们在德国所受教育的顶点,因为他们从来没有见过别人会如此坦率地告诉他们真理"。①

正如该书的几个编者所言,这些讲座之所以影响巨大,主要在于其沉思的一面,这种特定意义上的沉思,试图唤起部分被遗忘、部分遭抛弃的那曾经压抑他们的人生和历史经验的回忆。

从克服对于"人之当下存在的本源、开端和秩序根基"的遗忘的意义上讲,这些讲座的方法是回忆性的。在讲座中,这种回忆性的努力采取了不同的形式:使人回想起哲学的或启示的洞见,直面(有意无意的)根本的健忘症,把近年发现的大量历史材料提升到具有理论紧要性的高度。原理与无序数据之间的相互作用也会相应地深化回忆性的沉思本身。②

编者们正确地总结道:"沃格林作为一位政治哲学教师的

---

① 《全集》第31卷(1999),前揭,页1-2。引用的是Manfred Henningsen的话——他当时是沃格林的助教,后来任夏威夷大学玛诺分校政治学教授。

② 同上,页29。文中引用沃格林的话,见《意识与秩序》("Consciousness and Order"),《记忆》(*Anamnesis*)的序言(《全集》第6卷),引文出自《道:基督教视野中的哲学问题》(*Logos: Philosophical Issues in Christian Perspective*)第4期(1983),页22。

身份，或许可视作基于他自身的生命见证。"①

桑多兹

---

① 《全集》第 31 卷（1999），前揭，页 34；参 Sandoz,《沃格林革命》，页 47–70。

引　言

[15] 沃格林的《自传体反思录》，使沃格林本人得以精要地概述和解释1973年本书口授并誊录成文以前他一生所写的浩繁作品。就一位杰出学者——可以说是我们时代最伟大的哲学家——的生平和思想而言，这些反思可能是最好的导引。这里是沃格林解释沃格林，用一种自传体的叙述来阐发他的其他著作，将其置于他的思想的整体视野中。这些反思是权威的、透彻的、优美的、深邃的，既揭示了自1920年代以降沃格林各个发展阶段杰出的学术作品的动机，又至少向那些与他熟识的人士披露了作品背后这位友善、风趣、勇敢、坚韧、强硬、极有原则、博学的作者的某种东西。出版埃里克·沃格林的《自传体反思录》，是一个重大的学术事件。

为这样一本简短易读的书写一篇详细的引言实为画蛇添足。不过，用几句话总结一下沃格林的生平和《反思录》作为一份档案的缘起，对读者是恰当和有益的。

沃格林（Erich Hermann Wilhelm Voegelin）1901年1月3日

生于德国科隆，1985年1月19日卒于加利福尼亚州斯坦福。他是奥托·斯蒂芬（Otto Stefan Voegelin）和伊丽莎白·吕尔（Elisabeth Ruehl Voegelin）的儿子，父亲是一名土木工程师。沃格林一家居住在莱茵兰的科隆和柯尼希斯温特，1910年迁到维也纳，沃格林在那里上学，后来进入维也纳大学深造，最终成为［16］维也纳大学法学院的政治学副教授。1938年德奥合并后，他由于持有反希特勒立场（这尤其体现在1933至1938年他发表的四本书里），很快就遭到解雇。他侥幸躲过盖世太保的逮捕，逃到瑞士。不久，他和妻子（原名Luise Betty "Lissy" Onken，昵称莉茜，生于1906年9月3日，卒于1996年10月8日，两人于1932年7月30日结婚）移民美国。沃格林先是在哈佛大学政治系做了一年讲师，其中第二个学期开始在佛蒙特州的本宁顿学院兼职授课，后来在伊利诺州埃文斯顿的西北大学的暑期学校授课。再后来，在威斯康星州度过了一个短暂的假期之后，1939年秋，沃格林一家迁至亚拉巴马大学，在那里待了两年半。

1942年1月，沃格林加入路易斯安那州立大学政治系。他在巴吞鲁日一直待到1958年1月，并当选为路易斯安那州立大学首批三位"博伊德讲席教授"（Boyd Professor）之一。在路易斯安那的十六年期间，沃格林用英文撰写和出版了为他赢得声誉的多部书籍：《新政治科学》（The New Science of Politics，1952），由前一年的"沃尔格林讲座"（the Walgreen Lectures）发展而成;《秩序与历史》（Order and History）前三卷：卷一《以色列与启示》（Israel and Revelation），卷二《城邦世界》（The World of the Polis），卷三《柏拉图和亚里士多德》(*Plato and Aristotle*，1956、1957)。① 他和莉茜于1944年成为美国公民，后来一直保有美国公民身份。1958年，沃格林受聘为慕尼黑的路德维希—马克西米利安大学的政治学教授，在那里创建新的政治科学研究所。在这个时期，他主要出版了《记忆》(*Anamnesis*)，② 这本书直接陈述了他的英文作品背后的意识哲学。十年后，沃格林回到美国，从此再没有离开。此后到1974年的五年时间里，沃格林被聘为斯坦福大学胡佛战争革命和平研究所的"亨利·萨维托里杰出学者"(Henry Salvatori Distinguished Scholar)。[17] 这部《自传体反思录》便产生于这一时期。在这段时期末尾，时隔十七年之久后，《秩序与历史》卷四终于推出，题为《天下时代》(*The Acumenic Age*, 1974)。③ 退休后，沃格林一家继续住在斯坦福，后来他和莉茜去世后葬在那里。他们没有子女。

除了上面提到的书以外，沃格林教授生前发表了一百多篇论文；此外还有卷帙浩繁的手稿尚未出版，包括题为"政

---

① 《秩序与历史》前三卷，编为《全集》第14至16卷。《新政治科学》，收于《全集》第5卷。

② 《记忆：历史和政治理论文集》(*Anamnesis: Zur Theorie der Geschichte und Politik*, Munich: R. Piper Verlag, 1966；英译本 *Anamnesis*, Gehart Niemeyer 编译, Notre Dame, Ind.: University of Notre Dame Press, 1978；英文修订版 *Anamnesis*, Gehart Niemeyer 编译, Columbia: University of Missouri, 1990)，收于《全集》第6卷时做了进一步修订 (David Walsh 编, Gehart Niemeyer、Miroslav John Hanak 译, Columbia: University of Missouri, 2002)。

③ 《全集》第17卷。

治观念史"的大约四千多页的研究著作,这部作品的部分内容已被《秩序与历史》吸收,另有 11 章由哈洛韦尔(John H. Hallowell)辑成一书,以《从启蒙运动到大革命》(From Enlightenment to Revolution,1975)为题发表。① 《秩序与历史》卷五在他去世后以《寻求秩序》(In Search For Order,1987)② 为题发表,该书是沃格林关于政治、历史和意识的革命性哲学的拱顶石。

沃格林的作品可以理解为革命性的,以及为何如此理解,我的《沃格林革命:传记体引论》(The Voegelinian Revolution: A Biographical Introduction)③ 已作了论证,而《自传体反思录》正是缘起于我在准备这项研究时所做的工作。沃格林在 1973 年丝毫不想写一本自传或回忆录——除了他早已处理过他在 1943 年进行而直到 1966 年才在《记忆》中发表的那些回忆试验外。这些迷人的往事概述包含他童年的经验,他发现意识到自己是人的重大影响,始于他 14 个月大时第一次有记忆,到他大约十岁为止。在 1972 年和 1973 年,沃格林正在艰辛地致力于完成《天下时代》,亦即翌年问世的那本书。我自己的作品需要关于他生平的更多细节,所以我开始就我对他的思想研究的相关重要题目进行录音访谈。这些访谈涵盖了许多题目,

---

① 八卷本的《政治观念史》已编为《全集》第 19-26 卷,作为沃格林的遗著发表。

② 收于《全集》第 18 卷。

③ Ellis Sandoz,*The Voegelinian Revolution: A Biographical Introduction*,Baton Rouge: Louisiana State University Press,1981;第二版,New Brunswick,N. J.: Transaction Publishers,2000.

事情最终在［18］1973年夏天得以完成，当时我为了搜集资料之故在斯坦福大学访学，并开始尝试结合时间顺序和专题分类来叙述沃格林的思想发展。几次错误的开始之后，我们找到了把访谈做下去的方法，就是以我的问询为基础来进行，然后沃格林以口述的方式予以回应。为了确保录音转写能准确进行，他的秘书在场用速记法写下了全部内容。这一切都是在6月26日至7月7日（我们当然庆祝了7月4日）短短十几天里完成的，地点是沃格林在索诺马街住所的书房里——四周缭绕着他每天消耗的18支左右的"爱德华国王"牌雪茄的烟雾，还有两条向危险四面出击的宠物狮子狗的猛烈而频繁的吠叫，尽管沃格林太太已尽最大努力使它们保持安静。此处还有割草机的轰鸣，吸尘器的咆哮，以及频繁的电话铃声（这些环境氛围在文本中已不留痕迹，但由于在准备出版这份稿子的过程中，我又重新听了一遍时长27个钟头的录音，因此它们在我写作时于我脑海中仍鲜活如初，而且十分确定无疑是31年前的"经验"的内容）。录音整理稿随后由沃格林审阅和校订，又及时地重新输入，形成了一份修改后的文档，我后来称之为沃格林的《自传体回忆录》（*Autobiographical Memoir*），并在我的书里广泛引用。后来在1989年改了书名单独发表。

假如沃格林刻意坐下来以自己的想法写一部自传，那么他的自传看上去会是什么样子，我们不得而知。我们这里所看到的是我的问询所引出的回应。除了事实类的信息以外，所问和所答的问题，都是与充分而准确地理解材料相关的最迫切的问题。无论题材多么复杂，沃格林作为一位教师的天赋就在于，他总是能够以生动的语言，把它解释得深入浅出，透彻生动。

这种才能,我有幸在我对他的访谈中将之转变成一种教益,访谈实际上变成了每天早晨两三个钟头、为期近两个星期的私人讨论课。一开始相当形式化的东西——(我觉得)部分地被当作一种手段,[19]用来中止固执的追问,以及摆脱一个注定会让"工作"烦人地离题的追问者——却呈现出令人意外的生机。沃格林开始喜欢这件事情。然后他开始谈,一开始是在我督促之下,多少有点不情愿,后来是无可奈何勉强从事,最后是带着对"工作"本身的享受,这工作逐渐转变成埃里克·沃格林对实在的更深入的回忆性探索,他的故事在最佳时刻上升为高级哲学的沉思性话语。即便纸上的文字显得冰冷,其结果却是一个胜利,大家能从中获得快乐的胜利。

最后,我现在认为,对于不熟悉沃格林著作的人而言,《自传体反思录》是他们研究沃格林的最佳起点。这样做的重大价值在于如下功效,亦即通过简单直接的语言去考察一个具体人物生平中的多重语境,这个人正好倾向于思辨地理解高度分层的实在,而这个实在,我们作为人都不可避免地要参与其中。我想以埃里克·沃格林的名字和身份,强调一个特定个人的思想和生命的具体性(concreteness)。

这样一来,通常以假想的方式去考察抽象语境、考察关于这类语境的抽象问题所具有的含糊性,就为如下事实所弥补了,就是我们在这里所探讨的是这样一个人的回忆:他能够让自己人格的、思想的朝圣之旅合乎情理,在古典作家、基督教经院神学家和神秘主义者、古代以色列先知以及新约使徒(以及其他源头活水)的帮助下,走出流行的实证主义和致命的国家社会主义,进入敞开的哲学化存在。沃格林的朝圣之旅的一个突出内容,是身处制度坍塌、智识败坏和人格堕落的乱局中,在哪里可以找到援助和救济的明明白白的探索和日益精进的见地。这本小书的实质内容是他是怎么做的。

我想,要理解心灵和精神生命对于个人人格走向成熟的所谓"紧要性"(relevance),这种叙述正是一个最佳途径。它带有单数第一人称叙述本身的证明,就是它是事实的、真诚的、智慧的、幽默的、精微的。顺着这一途径走下去,就会开始意识到,各种问题以及[20]这些问题的形形色色的缘起,构成了一幅"语境的"镶嵌画,我们每个人或多或少依然会发现,我们生活在这些语境中,而且深受其羁绊。

所以,你得到的结果,实际上类似于你阅读奥古斯丁的《忏悔录》或柏拉图的《苏格拉底的申辩》时得到的东西。沃格林努力进行哲学探索,正是为了在一个由第二实在(second reality)——先不说种种虚假实在——所主导的世界中重新获得实在指南,正如他有一次所言,对于他和许多其他的人而言,这是一个生死攸关的紧迫问题。① 在这本小书中,人们得以瞥见沃格林做这件事的实际途径——不仅是把它作为一个有待解决的思想谜题,或所玩的一种往往危险的游戏,而是投入毕生的生命。这就是我特别喜欢这本小书的原因。至于他是坐在桌边面对面向我讲述它的,这并无妨害。

读者或许会对沃格林的生平概述有兴趣,这是本书口授约十年以后撰写的,题为《八十二岁自述》(Autobiographical

---

① 见《以色列与启示》(1956)序言倒数第二段,《全集》第14卷。

Statement at Age Eighty-Two)。①

又，原书出版后，学界已发表了多篇书评。② 这些书评通常一致认为："本书可作为理解沃格林作品的一部优秀的入门书，书中所提供的历史和生平背景，不仅揭示了作者的动机，而且对于他关于政治、历史、意识的性质以及神性临在的绝大多数核心观念，也辨章其渊源，勾勒其发展。"③ 然而也有人不满，认为"对于他所不赞同的思想家，沃格林的评述常常令人气恼，有时荒唐得叫人齿冷"。④ 另有一个较多溢美之词的评论者责怪编者没有为第一版写一篇长篇引言，添加注释，提供索引。⑤ 这些缺憾在目前这一版至少部分得到了弥补，[21] 路易斯安那州立大学出版社 1996 年出版的平装本，就已编制了一份索引。克劳瑟（Ian Crowther）发现许多地方值得赞扬，尤其是在追踪那些为理解现代的"自我显现的反叛"（egophanic revolt）提供了钥匙的经验方面。他断言，尽管我们或许没见过最后的意识形态家的"第二实在"，但我们

---

① 《全集》第 33 卷，页 432-456。

② 书评清单，参看 Geoffrey L. Price 和 Eberhard Freiherr von Lochner 编，《沃格林：国际参考书目，1921—2000》（*Eric Voegelin: International Bibliography, 1921-2000*, Munich: Wilhelm Fink Verlag, 2000），页 200-201。

③ Jeff Mitscherling，载于《欧洲观念史》（*History of European Ideas*）第 12 卷，1990 年第 5 期，页 705。

④ 同上。

⑤ Maben Walter Poirier，载于《现代》（*Modern Age*）第 34 卷，1992 年春第 3 期，页 262。

现在终于能"在沃格林和他的解释者们的帮助下……看穿它们了"。① 戴弗林（Thomas D'Evelyn）写道：

> [《自传体反思录》]留给读者的印象是充满魅力和易于理解。在抨击左派思想家的反智主义和反美主义时，沃格林有点像布鲁姆（Allan Bloom）。然而有一个巨大的差异。《论美国心灵之封闭》（The Closing of the American Mind）的作者会被人们记住，主要是因为他的抨击之猛烈和才华之横溢。沃格林会被人们记住，则是因为他……恢复了"古典哲人的伟大发现"——亦即"人不是'必死者'，而是一种致力于奔向不朽的存在"。……凝望他的全部作品，你看到的不是一座巨大的斑驳陆离的凯旋门，而是一道彩虹。②

最后，或许要提到孔茨（Paul G. Kuntz）的引人注目的评论文章，该文从本书中萃取出四种新"诫"，他称之为神学的诫命、道德的诫命、哲学的诫命和学术的诫命，并妙笔生花地总结道：

---

① Ian Crowther，《实在的秩序》（"The Order of Reality"），载于《索尔兹伯里评论》（The Salisbury Review）第10卷，1992年3月，页43。

② Thomas D'Evelyn，《世界级历史学家发现无序之上的秩序》（World-Class Historian Finds Order beyond Disorder），《基督教科学箴言报》（Christian Science Monitor）第81卷，1989年11月6日，页13。

这部书篇幅短小,却传递出一个具有伟大的模范力量的巨人的印象。我发现要表达这个意思的最好方式,就是说沃格林是一位摩西,要出示他的法版。在一种漂泊无定、被众多喧嚣的压力集团左拉右拽的学院生活中,对于为什么我们应该信受四种律令,唯沃格林有最清晰的领会。①

说一下技术细节:第 11 节之后的分段和标题是我加上的;编者插入的较长的注释放在括号内;编辑过程中对语句稍有修订,恕不注明;文本中不小心遗漏而录音带中可以听清的单词,若是有助于讲清楚意思,都已恢复;为了强调而用的不同字体是编者加上的。由于这部稿子的显而易见的［22］缘起,是为他人撰写的研究报告提供一份背景性的工作文件,所以沃格林并没有特别仔细地校订;要是他自己的稿子,他肯定会特别仔细地校阅,直到最后出版为止。我已经极为谨慎地努力弥补这一缺憾。收入《全集》时,又添加了一些细节的变更和修正。

桑多兹

---

① Paul G. Kuntz,载于《院际评论》(*Intercollegiate Review*) 第 26 卷,1990 年秋第 1 期,页 50。

自传体反思录

沃格林（1930年）

沃格林（日期不详）

莉西·沃格林（1960年）

莉西和沃格林在斯坦福（1975年）

沃格林和埃利斯·桑多兹（1971年）

阿尔布里兹奥为沃格林作的肖像画（1945年）
威廉·密尔斯摄影

沃格林（1970年）

1 维也纳大学

[31] 我上了维也纳大学法学院，1919 至 1922 年完成了博士学位。第一次世界大战结束后奥匈帝国崩溃，决定了当时维也纳大学的氛围。从构成方面说，维也纳大学依然是帝国首都的大学，在其学术研究和教授们的个人态度中都弥漫着这种帝都的氛围。在我还是学生的时候，以及整个 1920 年代，或者直到 1930 年代早期感觉到国家社会主义的影响力以前，维也纳仍然拥有一个庞大的知识群体，而且许多领域在国际学界独领风骚。首先是凯尔森（Hans Kelsen）的纯粹法理论，代表人物是凯尔森本人，以及他的人数不断增加的年轻弟子，特别是冯·费德罗斯（Alfred von Verdross）和默克尔（Adolf Merkl）。其次是奥地利边际效用学派。伯姆－鲍贝克（Eugen Böhm-Bawberk）已经去世，冯·维泽尔（Leopold von Wieser）依然健在，开设经济学理论的主要课程。年轻的经济学家中有冯·米塞斯（Ludwig von Mises），由于对货币理论的发展而名噪一时。冯·熊彼特（Joseph von Schumpeter）当时在格拉

茨,他的作品当然受到研究。此外,当时会给年轻人的智识和精神刻下印记的部分是理论物理学派,可追溯到马赫(Ernst Mach),当时则以石里克(Moritz Schlick)为代表。这个圈子里的一股重要势力是维特根斯坦(Ludwig Wittgenstein),其影响不在于他在那里,而在于他的作品。另外还要提到奥地利历史研究所,代表人物是多普施(Alfons Dopsch),当时[32]他因研究加洛林王朝经济史的作品,已获得了国际性的声誉。

在这些年轻人中,布鲁纳(Otto Brunner)的影响力正日益增加,他后来由于提出中世纪封建制的理论而变得著名,尤其是在《国家与统治》中发表的理论。① 当时维也纳大学的另一个骄人之处是艺术史,以德沃夏克(Max Dvořák)和斯特齐戈夫斯基(Josef Strzigowski)为代表。我到维也纳大学时,德沃夏克已去世,但斯特齐戈夫斯基还健在。我上过他的文艺复兴艺术史的课程;他身上特别迷人的地方在于他对近东艺术的兴趣,他关于亚美尼亚的两卷本作品是一部伟大的文献。与此同时,在维也纳蓬勃发展的还有史前史研究所。

据我所知,处于较为边缘地位的是诸如韦勒斯(Egon Wellesz)领导下的拜占庭音乐研究所这样的著名机构,这个人我后来才认识。国家社会主义党人接管后,韦勒斯去了牛津。另一个不可避免的巨大影响,代表是心理学家们。我上过斯沃博达(Hermann Swoboda)的课程,他十分迷恋克里斯(Ernst Kries)的节律理论,后者是弗洛伊德(Sigmund Freud)的密友。斯沃博达的心理学的背景,是他早年与魏宁

---

① *Land und Herrschaft*,第四版(1959)。

格尔（Otto Weininger）的友谊。当时每个人都读魏宁格尔的作品。心理学领域最重要的影响，当然是来自弗洛伊德本人。我不属于弗洛伊德的圈子，从未见过他，但我认识很多受过他训练的年轻人。我当时认识的最重要的几位有哈特曼（Heinz Hartmann），后来来了纽约；韦尔德（Robert Waelder），后来定居费城；以及克里斯，后来去了澳大利亚。

现在说一下法学院的构成。当时吸引学生的重要学术人物是法律人、奥地利宪法的起草者凯尔森，另一位是经济学家兼社会学家施潘（Othmar Spann），他提出了一套普遍主义理论，而且已开始对国民经济进行一种结构分析，其内容远远超出了较严格的边际效用经济学家所探讨的题材。吸引众多学生的第三位人物是格林贝格（Carl Gruenberg），一个社会民主党的拥趸。[33] 随着帝国解体的剧变以及1918年共和国的建立，社会民主党取得了优势，在我参与的第一次选举中，我投了它的票；一个重要人物是马克斯·阿德勒（Max Adler），他已成了社会民主党人的首席理论家。据我所知，较外围的是几个优秀的法律人——比如说国际法领域的施特里索尔（Leo Strisower），主持过民法典改革的沙伊（Schey），以及民事诉讼法领域的胡普卡（Hupka）。

我入学念的是培养政治学博士（Doctor rerum politicarum）的课程。我决定念这些课程，有经济上的原因，也有原则上的考虑。说到经济，我很穷，三年就可以拿到博士学位，对我来说很有吸引力。法学博士学位要求读四年。原则上的考虑是，我当时有一个模糊而强烈的冲动，就是我想走学术道路。法学博士学位的诱惑在于，如果你不能成为一个独立的法律人，你最终可以落脚当公务员；而我不想当公务员。选择政治学还因为学院师资的吸引力，其中包括像凯尔森和施潘这样的著名人物。当时我的父亲——一名土木工程师——和我自己还认真考虑过一个出路，就是去读物理和数学。但政治学更吸引我。我修完了政治学博士学位后，仍在哲学系报名修数学课程，特别是上过富特文格勒（Philipp Furtwaengler）的函数论。但这些学习终究是漫无条理，因为我就是无法对数学问题充满热情。

在这三年期间，我开始跟一些与我同龄的学生建立了私人关系，他们中有些人比我大不过一两岁，由于这点细微的年龄差异，他们是服过兵役回来的，因此身上具有一种成熟的气质，像我这样的人会觉得有吸引力（我因为年轻而逃过了兵役）。这些关系是我们一起上课时建立的，尤其上讨论课。其中三门讨论课，对于我要谈的那个［34］年轻人群体以后的团结至关重要。我首先要说施潘的讨论课，不仅因为它在这个方面最重要，还因为我在这里结识了一些人，虽然他们后来退出了我的生活。施潘圈子以及施潘所吸引的那些年轻人的一般倾向是浪漫主义和德国唯心主义，带有一种强烈的民族主义色彩。其中有些人后来投身于国家社会主义，或者更加激进的反国家社会主义的民族主义运动。当希特勒问题在奥地利变得致命时，我与这些人的联系逐渐中断，后来也没有恢复。不过，我还是要提这个阶段，因为通过施潘和他的讨论课上的努力，尤其是我参加了几年他私开的讨论课，我熟悉了古典哲人（柏拉图和亚里士多德）以及费希特、黑格尔和谢林的德国唯心主义体系。凯尔森和米塞斯的讨论课对我后来的生活来说更重要，这显然是因为合乎我的性情。通过凯尔森的讨论课，尤其是他自己开的讨论课，我和一些学长建立了交往，尤其是国际法领域的费尔德罗斯和行政法领域的默克尔。和我年龄较为接近的人有舒尔茨（Alfred Shültz），后来成了纽约新社会研究学院的社会学教授；温特尼茨（Emanuel Winternitz），在我们被希特勒驱逐出境后，他成了纽约大都会艺术博物馆的乐器藏品负责人；考夫曼（Felix Kaufmann），法哲学家，后来是新社会研究学院大教授；施赖埃尔（Fritz Schreier），来美国后进了独立营销和广告行业。再次是米塞斯私开的讨论课，我参加了几年，直到我结束了在奥地利的居留，在那里我同冯·哈耶克（Friedrich August von Hayek）、摩根斯坦（Oscar Morgenstern）、马克卢普（Fritz Machlup）和冯·哈伯勒尔（Gottfried von Haberler）有了私交。

　　由讨论课制度以及这些人与其他人之间的私人交往和友谊所决定的这些小集团中，最终明确形成了一个制度，具有讽刺意味的是，它被称为"精神共同体"（Geistkreis）。这是一群年轻人，每月定期会一次面，由其中一人[35]就他所选择的某个题目做一个演讲，其他人把他驳得体无完肤。由于这是一个有教养的共同体，有一条规矩是：我们在谁的家里聚会，谁就不能成为发表演讲的人，因为他家的女主人会获准参加聚会（其他女士一概谢绝参会），而当着一位绅士的妻子的面，把他驳得体无完肤，就太没有礼貌了。这个逐渐壮大的团体偶尔也会有人退出，上面列举的大多数人，都断断续续地属于这个团体，尤其是舒尔茨、温特尼茨、菲尔特（Herbert Fuerth）、艺术史家维尔德（Johannes Wilde）、精神分析学家韦尔德、考夫曼、史学家冯·恩格尔–雅诺西（Friedrich von Engel-Janosi），以及席夫（Georg Schiff）。这个团体的一个重要特征是，我们是因为对这门或那门科学研究的学术兴趣走到一起的，而另一方面，许多成员不仅隶属于大学，还从事各种商业活动。比如说舒尔茨，他是一个银行家组织的秘书，后来进入了银行业。他来纽约后继续从事银行活动，拥有神奇的精力，既取得生意上的成功，又写了许多的研究作品，这些作品如今由于他的全集的出版已享有盛名。温特尼茨是一个执业律师，业务尤其与住房储蓄银行相关。他用他作为一名成功律师得来的大部分收入去意大利长途旅行，以满足他在艺术史领域的兴趣。这是他后来在美国立足的基础，最终使他获得了大都会艺术博物馆的职位。他最大的成功是组办了美妙绝伦的长期的乐器展览，自1972年以来已吸引了众多来访的游客。

　　经济学家们受到了共和国条件下维也纳大学萎缩的影响。一所大学容不下这些年来脱颖而出的如此众多的一流经济学家，哈耶克、哈伯勒尔、摩根斯坦、马克卢普的名字已在英美叫响。在希特勒出现以前，他们就打算离开维也纳了。马克卢普是最后离开的人之一，因为他是一名独立的实业家。恩格尔－雅诺西除了是一名优秀的历史学家以外，还是一家镶花地板厂的厂主，但我得说，[36]他在生意上的成功经营，很大程度上要归功于他的妻子卡丽特（Carlette）杰出的商业才智。另外一重困境来自如下事实：自从奥地利共和国建国开始，反犹主义就成为维也纳大学里一个免不了的因素。我进入该大学念书时，有相当多的全职教授是犹太人，这反映了帝国的自由政策。但自从1918年共和国建国以后，就不再有犹太人被任命为全职教授了，所以那些较年轻的犹太教师没有机会晋升到比编外讲师（Privatdozent）更高的职称。这种限制在很大程度上致使像考夫曼和舒尔茨这样的优秀人士不得不去从事商业活动。舒尔茨是一个银行家，这我已提到了；考夫曼是益格鲁——波斯石油公司的一名主管。这些年轻人，因为希特勒的出现不得不离职和逃亡，当中有许多人投身于商业了。那些年中建立的友谊一直都在。精神共同体的成员星散各地，但私交始终不断。

2 中　　学

［37］我在大学中开展的研究，要求对中学所获得的教育背景做一些反思。我上的是一所实际—人文中学（Real-Gymnasium），这意味着我学了八年的拉丁文，六年的英文，选修了两年的意大利文。此外，我的父母亲又关照我学了两年的初级法文。1914 至 1918 年战争期间，这所学校的另一个特征是，它抽调了许多正式的教师去服兵役，所以有些课程由免于服兵役的、来自正式的师资队伍之外的人来上。这些人对我们这些年轻人刚好最有影响力。尤其应该提到的是英语老师克劳斯（Otto Erwin Kraus），据我所知，他在开战时返回奥地利进入教育领域前，曾在英国做记者。他是一个博学的知识分子，尤其对阿德勒（Alfred Adler）的心理分析感兴趣。我的中学教育中最有意思的事就是学习《哈姆雷特》（*Hamlet*），在一门讨论课上，按照阿德勒的效用心理学（psychology of Geltung）来读这部剧。

有一位正式老师是弗洛伊德（Philip Freud），他是一名优秀的物理学家和数学家，教我们教得非常好。因为他，中学最后一年（八年级），我的一位朋友迈尔（Robert Maier）和我对当时刚出名的相对论产生了很大兴趣；爱因斯坦（Albert Einstein）1917年对他的理论的表述当时刚出现不久，现在依然是我最珍贵的财富。我们研究相对论，一开始不能理解，但后来我们发现，我们的困难是由该理论的简单所造成的。我们能够相当好地理解它，但是无法相信，如此简单的东西，竟然能够［38］作为一个难解的新理论而激起一种狂热。当然，数学工具完全在我们的掌控之中。当我们遇到这些表面上的理解困难时，我们便请教我们的物理老师弗洛伊德，弄清楚我们的问题，并获得进一步的信息。

我特别记得，在上弗洛伊德的课期间，他让我们注意到，根据新的原子理论，当你用锯子锯断一块木头时，你就分离了原子结构。怎么可能用一把手锯分离原子结构，在他看来是物理实在之结构中最大的谜。弗洛伊德已经看到存在真相中的约简（reduction）问题和不同层级的自主性。

实在的分层导致了另一个交往中的一件小事。这期间，从外面来了一些很好的人，其中一个人是从维也纳理工学院来的化学家，施特雷宾格（Strebinger）。有一次课上讨论柠檬酸的结构，我缺课了，下一次课上，我被叫起来回答问题。我在家里已研习了这个内容，但我无法回答如何获得柠檬酸的问题，因为我以为这会涉及某种复杂的化学过程。然后我就被痛骂成蠢驴，因为我不知道柠檬酸是通过榨柠檬获得的。那门课我得了很低的分数。

另一位来自维也纳理工学院的重要人物是数学家科帕切克

（Kopatschek）。在数学领域，我们在达到了规定的微分学水平以后，就充满热情地开始学习矩阵论和一些群论。这些非常棒的老师表现出广泛的学习兴趣，我上大学后的接受能力就得益于此。但在我上大学之前，就是在中学毕业考试（Abiturium）与那年秋天大学开学之间的假期，我研读了马克思的《资本论》（*Kapital*），这当然是对俄国革命的兴趣所致。由于对这类问题全然无知，我当然被我读的东西说服了，而且我必须说，从1919年8月到大约那年的12月，我是一个马克思主义者。到了圣诞节，这个问题就逐渐消失了，因为当时我已经去上经济学理论和经济理论史的课程了。此后，马克思主义对我来说就再也不成问题。

3 韦 伯

［39］由于一种意识形态在科学上站不住脚而对之拒不接受，这个问题始终是那些年中的常态。就我在科学方面的态度的形成而言，非常重要的是我早年对韦伯（Max Weber）的作品的熟悉，他的《宗教社会学》（Sciology of Religion）和《经济与社会》（Wirschaft und Gesellschaft）在那些年间问世，而且当然被我们这些学生贪婪地阅读。韦伯的持续影响集中在以下几个方面。第一，韦伯早在1904至1905年就写了几篇文章，使我完成了对马克思主义的观察，此外，我以前上的经济学和经济理论史方面的课程已为此作了准备。第二，韦伯后来关于《学术和政治》（Wissenschaft und Politik）的讲演清楚地表明，意识形态是构成一个人行动之前提的所谓"价值"，但它们本身不是科学命题。由于韦伯对意图伦理（Gesinnungsethik）和责任伦理（Verantwortungsethik）的区分——英文通常译作 ehics of intention 和 ethics of responsibility，这个问题变得尖锐了。韦伯站在责任伦理一方——亦即，要对

自己的行动承担责任，比如说，如果一个人建立了一个剥夺剥削者财产的政府，那么他要对他所造成的被剥削人民的困苦负责。不能以意图的道德和高贵，为道德主义的行动所造成的恶果寻找借口。道德主义的目的并不能为行动的不道德提供辩护。

韦伯的这个根本性的见识，尽管他并没有分析它的意涵，却始终是一笔坚实的财富。意识形态不是科学，理想也不能取代伦理。[40] 我后来发现，韦伯的区分与李凯尔特（Heinrich Rickert）和文德尔班（Wilhelm Windelband）的所谓西南德意志学派提出的新康德主义的历史科学方法论有密切联系。韦伯的上下文非常清楚地表明，社会科学要想成为科学，就必须与价值无涉。在韦伯看来，这意味着社会学家应该考察社会过程中的因果关系。"价值"，就是他会用来选择这些素材的东西，是前提条件，科学探讨无法搞清；所以价值判断必须被排除于科学之外。这就给他造成了一个问题：选择科学之素材的前提，以及一种责任伦理的前提，必然晦暗不明。韦伯无法分析这些领域。他理论中的这个破绽的外在表现是，他的宗教社会学尽管范围甚广，却不见对早期基督教或古典哲学的探讨。就是说，对可以为现存秩序和负责任之行动提供标准的经验的分析，仍处于他的考量范围之外。如果说韦伯毕竟没有陷入某种相对主义或无政府主义，那是因为即便没有进行这种分析，他也有着坚定的伦理品格，而且实际上（正如他的外甥爱德华·鲍姆加腾［Eduard Baumgarten］为他写的传记所言）是一个神秘主义者。所以，他知道什么是正确的，即使不知道理由。但对于科学而言，这当然是一种十分靠不住的立场，因为学生们毕竟希望知道他们之所以应该以一种特定的方式行为的理由；可是当这些理由——以及合理的存在秩序——被排除在考量之外时，情绪容易把你带入各种意识形态和理想主义的冒险，在这些冒险中，目的要比手段更能蛊惑人心。这就是韦伯作品中的破绽，这个破绽构成了我自熟知其思想之后五十年期间一直探讨的重大问题。

但是，第三，在进入这个问题之前，我应该强调，韦伯的重要影响之一是他的比较知识的范围。就我所知，韦伯坚决地表明，一个人除非知道自己在说什么，否则绝不能在社会政治科学领域里成为一名成功的学者。这意味着要去获取［41］比较文明的知识，就是不仅包括现代文明，而且包括中世纪和古代文明，不仅包括西方文明，而且包括近代和远东文明的知识。这也意味着通过接触各种领域的专门科学来使那种知识与时俱进。任何人若不这样做，就无权声称自己是一个经验主义者，而且作为他所属领域中的一名学者，他的能力肯定是有缺陷的。

4 比较知识

继续说比较知识的问题,韦伯当然不是示例垂范的第一人。社会学的创立者孔德(August Comte)也坚决主张应当拥有这种宽广的知识面,对于此后那些伟大的社会科学家而言,这种广博的知识面一直无法回避。由于近年来对社会学的严格限定,这个问题已晦暗不明,所以像孔德那样的思想家,今天被归为历史哲学家或历史社会学家。然而,这样一些归类并没有取消实在之结构。经验上的知识面的必要性,依然是有关这些问题的一切严肃科学的基础。

事实上,我在 20 世纪早期作为学生进入这个领域时就已经清楚,比较历史知识是一个要求。韦伯在这方面的示范,被斯宾格勒(Oswald Spengler)的《西方的没落》(*Decline of the West*)强化了,这部作品不应该仅仅从其可疑的文明分类和可疑的有机体比喻方面来予以考量,而是应该被视为这样一个人的作品:这个人获得了使文明的比较研究成为可能的历史知识。斯宾格勒作品的背景当然是爱德华·迈尔(Eduard

Meyer）的巨著《古代史》（History of Antiquity），迈尔的作品也是随后几十年里汤因比（Arnold J. Toynbee）写作的基础。如果去看汤因比的文本，尤其是有关古代文明的文本，就会发现迈尔是他引用最频繁的权威。

对我而言，幸运的是，1922年至1923年在柏林当学生的那个学期，我能够去上迈尔开的一门希腊史课程。他是一位十分引人注目的人物。他走进教室，高大的身躯因年老而稍有弯曲，生着一头乱蓬蓬的［43］头发。他踱上讲台，双臂交叉于胸前，闭上眼睛，然后用完美无瑕的语言，滔滔不绝地说上一个钟头，从不犯一个语法或文体错误，从不会在一句话上纠缠不清。铃声响起时，他就会结束讲授，睁开眼睛，走出教室。关于爱德华·迈尔，尤其令人印象深刻的是他从一个参与行动的人的观点来看待历史情境。我依然记得他对地米斯托克利的精彩刻画，那是萨拉米之战前夕，地米斯托克利在权衡制胜的可能。我乐于相信，迈尔这种透过当事人的自我理解来理解历史情境的技巧，已作为一个永恒的因素进入了我的作品。

说到迈尔所展现的这种广泛的知识面，我应该再补上有关另一个人的回忆，那就是阿尔弗雷德·韦伯（Alfred Weber），他在关键细节方面不那么重要，却有着同样的知识面和比较视野。1929年，我有幸与他在海德堡度过了一个学期，当时是他第一次讲授文化社会学的课程。这再次向我清楚地表明，一个学者要想谈论历史语境中的社会结构，就必须具有比较知识，对于巴比伦文明的起源，也要像对于墨洛温王朝和加洛林王朝时期的西方文明的起源那样如数家珍。

5 格奥尔格和克劳斯

[44] 适于比较目的的知识面远不止是一个形式上的原则。正如这些回忆所表明的,事实上,通过研究韦伯的作品,以及后来阿尔弗雷德·韦伯、迈尔、斯宾格勒和汤因比的作品,我获得了适于这种比较目的的一套相当庞大的知识。对知识的这种获取,在那些年里非常重要地是受惠于所谓的格奥尔格团体的影响。我们现在想到格奥尔格(Stefan George),主要是把他作为象征主义时代一名伟大的德国诗人,正因如此,他无疑对我有一种影响。通过他,我知道了象征主义的抒情诗,而且相当专注地致力于研究诸如马拉美(Stéphane Mallarmé)以及后来的瓦莱里(Paul Valéry)这样的诗人。

然而,格奥尔格在当时的重要性主要在于他对为数甚多的追随者、身边的朋友和学生的影响力,这些人凭自己的本事成了学者,并为智识上更敏感的年轻一代营造了德国大学的氛围。当时我醉心阅读的作品,其作者是如下这些人,他们著作的第一版现在依然是我书房的藏书,其中有:贡多尔夫（Friedrich Gundolf），尤其是他的《歌德》（*Goethe*）、《恺撒声誉的历史》（*History of Caesar's Fame*）、《莎士比亚与德意志精神》（*Shakespeare und der Deutsche Geist*）；科默雷尔（Max Kommerell）的《让-保罗》（*Jean-Paul*）和他论德国古典和浪漫主义文学的那本《作为领袖的诗人》（*Der Dichter als Führer*）；贝尔特拉姆（Ernst Bertram）的《尼采》（*Nietzsche*）；施泰因（Wilhelm Stein）的《拉斐尔》（*Rafael*）；坎托罗维奇（Ernst Kantorowicz）的《弗里德里希二世皇帝》（*Kaiser Friedrich II*）。当然，还有格奥尔格圈子里的古典学者们的作品，时间直到20年代，先是弗里德曼（Heinrich Friedemann）论柏拉图的作品，他死于第一次世界大战，其后是弗里德兰德（Paul Friedländer）[45]和希尔德布兰特（Kurt Hildebrandt）论柏拉图的作品。这二人的作品对我的研究至关重要，我的研究继承了其精神。

另一个头等重要的影响在20年代早期就开始出现，在我1927年从美国和法国回国后变得更加强烈，一直持续到1937年克劳斯（Karl Kraus）去世为止。克劳斯是伟大的报人，他出版的不定期杂志《火炬》（*Die Fackle*）及其他文学作品，我知道的较年轻一代中人人都读。正是这种智识的、道德主义的背景，让我们对德国和奥地利社会瓦解过程中政治的——尤其是报刊的——功能具有一种批判的理解，这个瓦解过程为国家社会主义铺平了道路。克劳斯的根本立场是一个伟大的语言艺术家的立场，坚决捍卫语言的标准，反对当前文学，尤其反对新闻记者对语言的败坏。

他的作品，和格奥尔格的作品一样，必须放在1870年后德意志帝国时期德语遭到匪夷所思的破坏这个语境中来理解。在当时的英国、法国或美国，我们找不到恰好可相提并论的现象。恢复语言，在年轻一代而言是一件需要苦心经营的事情。格奥尔格团体的文风对我的教育的影响，任何人只要愿意留心我早期著作中的这类问题，都可以看到，其中包括《论美国精神的形式》(Über die Form des amerikanischen Geistes)，尤其是《思想史上的种族观念：从雷伊到卡鲁斯》(Die Rassenidee in der Geistesgeschichte: von Ray bis Carus)。① 恢复语言，意味着恢复由语言所表达的题材，意味着摆脱今天人们称为小资产阶级（包括这个名目下的实证主义者和马克思主义者）的虚假意识的东西，他们的文学代言人占据着舞台。因此，这种对语言的关切，乃是一种对意识形态的抗拒，由于意识形态思想家已不再触及实在，提出的符号不是为了表达实在，而是为了表达他与实在的疏离状态，所以意识形态摧毁了语言。[46] 通过恢复语言来识破这种假语言和恢复实在，是当时卡尔·克劳斯、格奥尔格及其朋友们的工作。

在克劳斯的作品中，特别有影响的是他描写第一次世界大战的伟大剧作《人类末日》(Die letzten Tage der Menschheit)，这部剧作对政治、对战争爱国主义、对敌人的诋毁以及暴民政治的辱骂中那些虚假词汇和语调具有高度的敏感。克劳斯的批判工作——第一个高潮是《人类末日》——贯穿整个1920年代，在他对魏玛共和国时期德国和奥地利的文学和

---

① 英译本题为 On the Form of the American Mind 以及 The History of the Race Idea from Ray to Carus，分别收于《全集》第 1 卷和第 3 卷。

报刊语言的批判中得以继续。随着国家社会主义逐步出现并主宰了公共舞台，这种批判工作的重要性与日俱增。他处理20世纪大灾难的第二部伟大作品是《第三魔女之夜》(*Dritte Walpurgisnacht*)，探讨希特勒和国家社会主义现象。这部作品的删节版在他生命的最后一年刊载于《火炬》。做出删节是由于他担心，若把这场卑劣的灾难完全暴露出来，会伤害那个当权独夫的潜在受害者。《第三魔女之夜》完整的未删节版，直到战后才作为他的16卷本《全集》的第1卷，由慕尼黑的克泽尔出版社印行。我得说，如果不参考《第三魔女之夜》和《火炬》杂志的多年批判，就不可能对国家社会主义作严肃的研究，因为在那里，那片必须被理解为希特勒得以上台之背景的智识沼泽变得清晰可见。

希特勒现象不能只从他的人格来理解。他的成功，必须放在一个智识上和道德上败坏的社会的语境中来理解，在这样的社会里，原本荒谬的、边缘的人物能够掌握公共权力，因为他们出色地代表了那些仰慕他们的人。社会的这种内部败坏并没有随第二次世界大战盟军战胜德军而结束，而是依旧继续。我得说，当前德国智识生活的败坏，尤其是大学的败坏，乃是过去之败坏的余波，也就是让希特勒掌权、在他的政权背后起作用的那种败坏。社会的瓦解如今还看不到尽头，而且可能会有出人意料的结果。［47］克劳斯对这个时代的研究，尤其是他对下流琐事（阿伦特［Hanna Arendt］称之为"平庸之恶"的部分）的敏锐分析，依然具有极重要的意义，因为我们西方社会亦可看到相似的现象，但幸运的是，并没有伴随着那种导致德国灾难的毁灭性效力。

6　纯粹法理论：新康德主义方法论

［48］现在，我要谈谈我在大学里作为一名学生的更切身的学习问题，以及我如何转向凯尔森的纯粹法理论。我说不清楚，为什么在我看来汉斯·凯尔森是一位比奥瑟玛·施潘更具有强大吸引力的老师。施潘的知识面，无论在哲学方面还是历史方面，无疑要比凯尔森作品所展现的知识面更宽广。就我的记忆所及，凯尔森吸引我的，是一位伟大的法律人所特有的分析工作的精准。纯粹法理论的成功，以及它在法哲学中的持续重要性，使人们有时候会忘记凯尔森是一个法律实务工作者，曾起草过 1920 年奥地利宪法，是宪法法院（Verfassungsgerichtshof）的成员。他关于他所起草的宪法的言论，极大地展示出他在法律方面的敏锐。我得说，我从凯尔森那里学到的是对文本认真负责的分析，这是他本人卷帙浩繁的作品和课堂讨论中的做法。当然，他的工作与纯粹法理论本身密不可分，这个理论为法律体系提供了一种逻辑分析。这种对法律体系的分析，以凯尔森的"基本规范"（Grundnorm）的

概念为顶点，今天依然站得住脚。它在许多细节方面得到了改善，比如说默克尔对代表关系（Delegationszusammenhang）的阐述，以及费德罗斯对这一体系的扩充，把它从宪法的基本规范扩展到国际法的基本规范。通过诸如费利克斯·考夫曼、弗里茨·施赖埃尔和伊曼纽尔·温特尼茨这些年轻一辈的研究，这个体系更趋于精致，但 [49] 总的来说，凯尔森的分析已经完成，能够加以改进的不过是些细枝末节。这个事实说明了为什么纯粹法理论没有更进一步的大发展。这是一位才华横溢的分析家的辉煌成就，它是如此优秀，以至于很难加以改善。凯尔森在这方面所做的工作，仍然是任何分析法理论的内核。后来我在给路易斯安那州立大学法学院讲授法学课程时使用了这个内核，自己作了一些改进。① 我想强调的是，关于纯粹法理论的基本有效性，我与凯尔森之间从来没有意见分歧。

我与凯尔森理论的分歧是逐渐形成的。我并不是他的单纯追随者，这从以下事实就可以看出：那就是我以施潘和凯尔森二人为我的博士论文导师。当时的小辈们极度钦佩我这个壮举，因为他们认为，施潘的普遍主义与凯尔森的新康德主义并不相容。分歧产生于纯粹法理论中的意识形态成分，这些成分适当地附加于这个法学体系的逻辑之上，却不影响其有效性。它们可以被剔除，无损于该理论的内核。这个附加的意识形态是新康德主义方法论，它通过在探索中所运用的方法——

---

① 沃格林在路易斯安那大学的讲稿已收入《全集》第 27 卷发表，题为《法的性质及相关法学著作》（*The Nature of the Law and Related Legal Writings*）。

在这里是通过法律体系的逻辑——来决定一门科学的领域。由于在当时的通行术语中,凯尔森作为一名教授所代表的领域是政治理论(Staatslehre),又由于新康德主义方法论将其方法限定于法律体系的逻辑,所以政治理论不得不成为法律理论(Rechtslehre),超出法律理论的任何东西都不再是政治理论的组成部分。这当然是一种站不住脚的立场。当时,我并不完全理解这一错误构筑所包含的相当原始的语义策略,但至少能够感觉到。显然,你不可能探讨国家问题以及一般的政治问题而无视法律规范的逻辑之外的所有东西。因此,我与凯尔森的分歧,因为我对政治科学的材料的兴趣而形成了,[50] 这些材料早已被作为法律理论来理解的政治理论排除在外。1924年,我发表了我的第一篇文章,题为《纯粹法理论与政治理论》(Reine Rechtslehre und Staatslehre),[①]文章的科学素质相当可疑,在文章中,我用19世纪早期德国政治理论所探讨的材料来质疑纯粹法理论。当时我就已经认为,未来政治科学家的任务是突破规范逻辑(Normlogik)的内核对政治科学的限制,重建完整的政治科学。

这就需要就新康德主义问题稍微说上几句,说说1920年代时它在我这个学生看来是什么样子。那时有好几个新康德主义学派。对凯尔森本人影响最大的是科恩(Hermann Cohen)的所谓马堡学派。科恩对康德《纯粹理性批判》(Critique of Pure Reason)的解释,致力于以时间、空间和实体范畴来建构

---

① 英译本收于《全集》第7卷,第2章,是作者发表的第二篇作品。

科学——科学就是康德所理解的牛顿的物理学。这一模式，就是以用于一个物体的诸范畴来建构一门科学，成为纯粹法理论之构造的典范。凡是不符合规范逻辑的范畴的东西，都不能再被视为科学。然而，还有别的新康德主义学派，特别是以文德尔班和李凯尔特为代表的所谓西南德意志学派，他们以"价值"来处理历史科学之题材的构成。这一派的方法论可追溯到1870年代，新教神学家里奇尔（Albrecht Rischl）最早在事实科学（Tatsachenwissenschaften）和价值科学（Wertwissenschaften）之间作出区分。所选择的这些术语显示出这个问题来源于自然科学作为科学典范的最早统治地位。诸如神学家、历史学家和最初的社会科学家之类的可怜的人们，不得不纡尊降贵，去证明他们的领域也毕竟是科学。

"价值"就是这样被发明出来的。在李凯尔特的概念中，价值是某种文化的力量，比如国家、艺术和宗教，没有人能够合理地怀疑它的真实性；所选择的与这些价值相关联的材料，[51] 是关于艺术、宗教和国家的科学的题材。通过所谓的价值参照法（Wertbeziehende Methode，即参照一个价值）来重构历史科学和社会科学，这个技术带有严重的缺陷，因为价值是高度复杂的符号，其意义依赖于西方自由主义社会的既定"文化"。你大可认定，国家是一个决定材料之取舍的价值，但是这种取舍会陷入各种困难，因为国家的典范是西方民族国家，难以把希腊城邦纳入这个名目之下，更难以把一个埃及帝国纳入其下。另外，价值必须被人接受。如果有人不接受，又该怎么办呢？

7 政治的刺激

［52］当我开始意识到这类问题时，我对其重要性甚至还一无所知。现在我要转过来谈使我得以看清其本质的那种逐渐扩大的视野。

政治事件刺激我更深地进入问题。刺激我的当然是法西斯主义和国家社会主义的兴起。我研究了这些逐步展开的运动，钻研了国家社会主义党人的种族概念背后的生物学理论问题。我的两本书，《种族与国家》（*Rasse und Staat*）和《思想史上的种族观念》，① 都发表于1933年，它们是我全神贯注于生物学理论的结果。这种对生物学的兴趣，以及关于遗传学的一点专业知识，可追溯到我1924年至1925年在美国的研究，我当时的许多朋友都是年轻的生物学家，比如库尔特·斯特恩（Kurt Stern），他在哥伦比亚大学托马斯·亨特·摩根（Thomas Hunt Morgan）的实验室从事果蝇遗传学研究。同这

---

① 英译本收于《全集》第2卷和第3卷。

些年轻人度过的无数夜晚，去该实验室的多次参观，以及我对生物突变的逐渐熟悉，对于我理解种族问题中所涉及的生物学问题而言是一个极宝贵的基础。我的研究结果当然不见容于国家社会主义。[53] 上面提到的第二本书，就是《思想史上的种族观念》，陈述了种族观念从 18 世纪以降的形成过程，它被出版商从流通领域撤回，卖剩的书亦被销毁。故此，虽然我认为这本书是我比较优秀的成果，实际上它却一直不为人所知，尽管在当代进化论者与反进化论者之间可以说是浅薄的争论中，这本书会具有相当的助益。生物学理论一直是我持久的兴趣所在，正如从中学最后几年开始接触物理学的问题以后，我就一直对物理学感兴趣。

我此前尚未注意到的一些范围更广的材料，再次因政治的刺激而对我构成冲击。1933 年后，奥地利对国家社会主义的抵抗造成了 1934 年的内战局面，以及所谓威权国家的建立。由于威权宪法的概念与《四十年通谕》（*Quadragesimo Anno*）的观念具有密切关系，而且与更早的教皇通谕看待社会问题的观念具有密切关系，我不得不钻研这些材料；而如果不理解它们的托马斯主义哲学背景，我就无法深入地探究。1933 至 1936 年间，我开始对新托马斯主义发生兴趣。我阅读塞蒂扬热（A. D. Sertillanges）、马里旦（Jacques Maritain）、吉尔松（Étienne Gilson）的作品，然后对诸如冯·巴尔塔萨（Hans Urs von Balthasar）和吕巴克（Henri de Lubac）等不那么托马斯主义而更多是奥古斯丁派的耶稣会士着迷。我关于中世纪哲学的知识和问题，正要归功于这项为时数年的研究。

8 我的博士论文

[54] 我的博士论文的题材是交互行动和精神共同体（Wechselwirkung und Gezweiung）。① 交互行动（Wechselwirkung）是齐美尔（Georg Simmel）社会学的关键术语，齐美尔社会学乃是德国社会科学中的关系理论（Beziehungslehre）进一步发展的基础。精神共同体（Gezweiung）是奥瑟玛·施潘的社会学最喜欢用的术语。二者的差异是本体论的差异，就是从自主性的个人之间的关系来构造社会现实，抑或设定人与人之间具有一种先在的、会在其人际关系中实现的精神纽带。我的关切在于齐美尔的个人主义的社会建构与施潘的整体主义的社会建构之间的差异。博士论文从来没有出版，我现在恐怕很难记得详情了。

---

① 英译本题为 *Interaction and Spiritual Community: A methodological Investigation*（《交互行动与精神共同体：一项方法论的研究》），收于《全集》第 32 卷，页 19–140。

9 1921年或1922年在牛津

［55］我非常幸运，通过关系获得了一笔奖学金去参加牛津大学的一个暑期学校。奖学金的正式名目是去学英语，我记得一个名叫亚历山大的英国年轻人，不遗余力地纠正我的发音错误。当时我的英语水平很糟糕，从一个经历中便可见一斑。有一天傍晚，我在牛津闲逛。在一个广场上，我看到一个人正对着零零星星的几个听众发表演说。我一开始以为他是在推销某种奶酪，过了好长时间我才意识到，他实际上是在宣讲耶稣。这几个月印象最深的是默里（Gilbert Murray）的许多讲座。这种印象刻骨铭心，那是我第一次见识到最优秀的英国学术的风采。

10　美国的影响

［56］我已经提到我在纽约的那一年了，我当时受到的一个重要影响来自托马斯·亨特·摩根身边的几个年轻人。能去纽约待一年是因为洛克菲勒基金会（Rockefeller Foundation）以洛克菲勒奖学金（Laura Spellman Rockefeller Fellowships）的名义向欧洲学生提供研究奖学金。我是第一批获得者，据我所知还是奥地利的第一个获得者，而且一次性获得了三年的奖学金。第一年我去了纽约的哥伦比亚大学。第二年我去哈佛待了一个学期，第二学期去了威斯康星。第三年我在巴黎度过。

在美国的这两年给我的思想发展带来了极大的突破。我的兴趣尽管广泛，却依然是狭隘的，因为身处中欧，不利于理解超出欧洲大陆之外的更大世界。在哥伦比亚大学，我听了社会学家亨利·吉丁斯（Franklin Henry Giddings）、杜威（John Dewey）、埃德曼（Irwin Edman）、经济学家卫斯理（John Wesley）、公共管理领域的麦克马洪（John Whittier Macmahon）的课程，这个在此之前我对其存在几乎一无所知的新世界使我目不暇接。最重要的影响来自图书馆。在纽约那年,我开始研究英国哲学史及其在美国思想中的发展。我的研究受到杜威和埃德曼的极人鼓励和帮助。我发现了英国和美国的常识哲学。更直接地说,是受了杜威的新书《人性与行为》(*Human Nature and Conduct*)的影响,该书的基础就是英国的常识传统。从那里,我向前追溯到里德(Thomas Reid)和汉密尔顿爵士(Sir William Hamilton)的思想。[57]英格兰人和苏格兰人的常识概念,把常识当作一种人生态度,它吸收了哲学家对生活的态度,但不包括哲学家的专业知识,相反却把古典和廊下派哲学理解为对常识态度的专业的、分析性的阐述。这个常识概念在我对常识和古典哲学的理解中都产生了持久的影响。正是在此期间,我第一次模糊地感觉到,古典哲学的连续传统在常识层面的东西,并不需要一位亚里士多德那样的人物的专业知识,就能够对一个社会的学术氛围和团结产生意义。

我现在认识到,这种常识传统恰恰是德国社会舞台上明显缺乏的因素,它在法国的发展亦不如在英美。回过头去看,我得说,缺乏植根于一种完整常识传统的政治制度,是德国政治结构的一个根本缺陷,至今尚未克服。我看当今德国的舞台,其间充满了实证主义者、新马克思主义者和新黑格尔主义者之间的狂热争论,这同我1920年代在魏玛共和国当学生时看到的是同样的舞台;然而,智识水准却已变得不是一般地平庸。卷入1920年代哲学问题的分析中的正反两面的伟大人物,诸如舍勒(Max Scheler)、雅斯贝尔斯(Karl Jaspers)、海德格尔(Martin Heidegger)、阿尔弗雷德·韦伯、曼海姆(Karl Mannheim)等人,已退出了舞台,却没有名望和能力与之相埒的人出来取代他们。在纽约那年,我开始感觉到,美国社会拥有一个哲学的背景,虽然并不总是体现得很清晰,然而从范围和存在的本质来讲,这个背景要优于我在我所成长的方法论环境中发现的任何东西。

在哥伦比亚那年,当我去上吉丁斯和杜威的课程并阅读他们的作品时,我开始意识到英语世界里的社会本质的诸多范畴。约翰·杜威的范畴是同心(likemindedness),我发现这是钦定本圣经翻译《新约》的homonia一词所采用的词语。这是我第一次意识到homonia的问题,当时我对这个问题所知极少,因为我的古典哲学知识非常欠缺,[58] 我对基督教问题实际上是一无所知。直到那以后我学了希腊文,而且能够阅读原文之后,我才开始明白这些范畴在决定社会之本体究竟是什么的过程中起到的根本作用。吉丁斯的术语是同类意识(the consciousness of kind)。我对这些问题的背景所知不多,但我记得我开始明白,吉丁斯打算处理的问题与杜威的相同,不过选择了一种不会让人看到该问题与古典和基督教传统之关联的术语。他是想把精神共同体意义上的homonia,转化为某种类似于生物学意义上的共同体的无关痛痒的东西。

在哥伦比亚大学待了一年后,接下来在哈佛大学的那年,我对新来的怀特海(Alfred North Whitehead)印象最为深刻。当然,对于怀特海在讲座中所说的,我只能理解很少的一部分,我不得不去研究他当时的新书《观念的冒险》(*The Adventures of Ideas*)的文化历史背景。这使我注意到这样一个背景:要想理解盎格鲁-撒克逊文明,就得对之加以更详尽的研究。1925至1926学年的第二学期,我去了威斯康星,扩充知识的机会来了。我开始知道哥伦比亚大学的康芒斯（John R. Commons）的作品，因为他的《人性与财产权》（*Human Nature and Property*）在那年出版了。鲍威尔（Thomas Reed Powell）当时还在哥伦比亚大学（次年去了哈佛），他评论了康芒斯的这部作品。在威斯康星，我深究了我当时凭着尚有限的知识认为真正属于美国的东西。这种东西由康芒斯——在我看来他和林肯的长相一样——所代表，与州及全国层面的政治经济问题都有密切的关联，那就是着力强调劳工问题。在威斯康星的那个环境里，有像珀尔曼（Selig Perlman）这样的劳工史家和一群追随康芒斯和珀尔曼做研究的年轻人，我对于美国最高法院的重要性，对于最高法院的意见作为［59］美国政治文化之来源的知识，第一次得到了拓宽。在威斯康星的这一经历，成了我后来生涯的重要因素。1938年来美国长期居留时，我想要从事美国政治的教学工作，以理解美国政治文化。由于我是新来的外国人，在东部的院校，人家是不会让我教美国政治的，所以我就去了南部，那里这方面的阻力要微微小一点。

说到我在美国的经历，必须提到桑塔亚纳（George Santayana）的强有力的影响，否则这一叙述就不完整。我从来没有见过他，但是我在纽约熟读了他的作品，这在某种程度上是由于欧文·埃德曼的建议。对我而言，桑塔亚纳在哲学方面是一个启示，可与我当时通过常识哲学所得到的启示相提并论。他这个人具有宽广的哲学知识背景，对精神问题极为敏感，拒绝接受教条，对新康德主义丝毫不感兴趣。我慢慢发现，卢克莱修的唯物主义是他思想里的一种激发性的经验，这对于我后来在巴黎理解法国诗人保罗·瓦莱里及其卢克莱修式的动机，具有相当的重要性。桑塔亚纳和瓦莱里在我看来始终是一种几近神秘的怀疑论的两位伟大代表，这种怀疑论实际上根本就不是唯物主义。这个发现对我情感的影响极为强烈和持久，以至于在 1960 年代，当我有机会去法国南部旅行时，我还去参观了塞特港的海滨墓园（the Cimetière Marin），瓦莱里葬在那里，俯瞰地中海。

在美国待的两年，促成了我的《论美国精神的形式》一书。各章分别对应于我深究过的几个文学和历史的领域。"时间和存在"一章反映了我对英国的意识哲学及其与胡塞尔（Edmund Husserl）所代表的德国意识理论的比较研究。论乔治·桑塔亚纳的那章［60］总结了我当时所理解的桑塔亚纳的作品和哲学生平。另一章"清教神秘主义"，是我研究爱德华兹（Jonathan Edwards）的结果——即便现在回过头看，我也要说，那是一篇好文章。接下来一章"英美分析法理论"约有五十页，反映了我对英美文明中对应于欧陆法理论中凯尔森的"规范逻辑"那部分领域的研究。最后一章"康芒斯"，反映了我对康芒斯的作品和生平的理解，以及我对他热烈的仰慕。

不过，这本作为我两年美国之行的结晶的文字作品，并不能使人完全理解这几年在我生命中的重要性。关键在于，我被抛入了这样一个世界：新康德主义方法论的争论，我认为是学术上最重要的事情，对这个世界而言却毫不重要。相反，那里所具有的背景是 1776 年和 1789 年的伟大政治开创，以及借助一套从根本上受律师行会和最高法院尊重的政治法律文化来展开这种开创性的行动。那里有一个基督教和古典文化的鲜明背景，而在我学生成长年代所处的方法论之争中，这个背景即便不是在消失，也是在非常显著地逐渐褪色。简言之，存在着一个世界，与我所成长其中的另一个世界在智识上、道德上和精神上毫不相干。应该有多个这样的世界，这对我具有摧陷廓清的效力。这段经历一劳永逸地打破了（至少我希望如此）我的中欧地方主义，或更笼统地说是欧洲地方主义，而没有让我掉入美国地方主义。在这几年中，我获得了一种理解，就是人类具有多种可能，可在各种文明里实现自身，这对我是一种鲜活的经验（expérience vécue）。而在此之前，我一直只能通过文明的比较研究来加以领会，诸如我在韦伯、斯宾格勒以及后来的汤因比的作品中所发现的那些文明。最直接的效力是，我回到欧洲后，某些在中欧的学术和意识形态语境中具有极大重要性的现象，比如说海德格尔的作品——我在1928年读了他著名的《存在与时间》（*Sein und Zeit*）——对我已不再有任何效力。它就像是过眼云烟，[61] 由于我在美国，尤其是在威斯康星的岁月，我已经对这整个哲学化的语境具有了免疫力。各种理论孰为重要，其相互间的关系，已根本地被改变了，就我能看见的而言，是往好的方面改变了。

11　在法国那年

［62］在美国待了两年后，洛克菲勒基金会慷慨地把洛克菲勒纪念奖学金展期一年，让我继续去法国做研究。我接受了这个机会，心想我可以通过在法国居住一年来开阔眼界，并亲自去发现在法国文化中一个政治科学家认为最重要的问题是什么。值得研究的领域很多。我去听了法学院的课程，特别是上过一个名叫阿夫塔利翁（Albert Aftalion）的法国经济学家的课，还去听了著名的帕斯卡尔研究者布伦斯维克（Léon Brunschvicg）的讲座。一开始，我的研究颇有障碍，因为我有阅读法文的知识，但对更为复杂的词汇了解并不多。我记得阅读福楼拜（Gustave Flaubert）的《三故事》（*Trois Contes*）时真是一种煎熬，因为福楼拜的词汇量巨大，我几乎每句话都要查字典。但是，阅读那些词汇量巨大的作品，是增进一门语言知识的唯一途径。

当时，巴黎有一种不可抗拒的吸引力，那就是俄国移民潮。我恰巧认识他们中的几人，而且知道要想获得政治材料，就必须学习俄语。所以我开始师从穆绍尔斯基（Konstantin V. Mochulski）和洛津斯基（G. Lozinski）学习俄语。两位优秀的语文学家给了我非常实际的帮助，我跟他们学习了近一整年，达到了足够的水准，能够阅读陀思妥耶夫斯基了。不幸的是，我现在已把所学的东西忘得差不多了，因为在我后来的工作实践中很少有机会探讨俄语文献。

但主要的研究领域当然是法国文学和 [63] 哲学。引领我进入这些领域之问题的优秀向导是蒂博代（Albert Thibaudet）关于马拉美和瓦莱里的作品，以及勒内·拉娄（René Lalou）关于法国文学通史和小说专门史的作品。在巴黎这一年，从拉斐特夫人（Madame de La Fayette）的《克莱芙王妃》（*La Princesse de Clèves*）到普鲁斯特（Marcel Proust）的作品——他的《追忆逝水年华》（*À la Recherche du temps perdu*）最后一卷当时正要面世，我获得了几乎全套重要的法语散文文献。同福楼拜一样，普鲁斯特也是丰富我的法语词汇的不可估量的源泉。勒内·拉娄的《从笛卡尔到普鲁斯特》（*De Descartes à Marcel Proust*）对我理解法国思想史的连续性至关重要。在这里，我发现了与18世纪以来英美哲学里的意识史相平行的法国意识史。

由于蒂博代和拉娄的影响，我的注意力尤其集中于马拉美和瓦莱里。这一次我几乎收齐了瓦莱里的全部作品，有些还是初版，现在已变得十分珍贵。我有一次见到了瓦莱里，当时他在一次与国际联盟相关的会议上发表餐后演说。除了是一名伟大的艺术家以外，当时他吸引我的地方还在于他的卢克莱修哲学，这在我看来是与乔治·桑塔亚纳的卢克莱修主义相平行的现象。《海滨墓园》（Cimetière Marin）是我情有独钟的一首诗。

既然有机会在巴黎度过一年，只要条件允许，当然也可用这段时间来四处参观。我记得我对沙特尔极强烈的第一印象，以及一次寻访诺曼底的修道院遗迹的夏日之旅。

背后当然是我对法国的法理论的研究，尤其是对狄骥（Léon Duguit）的研究。正是在那时，我第一次知道了法国的团结（solidarité）问题。非常奇怪的是，我当时对亨利·柏格森（Henri Bergson）的作品并无兴趣，虽然我已经熟悉他的《物质与记忆》（Matière et Mémoire）和《论意识的直接材料》（Essai sur les données immédiates de la conscience）。直到1932年柏格森的《道德和宗教的两个来源》（Les deux sources de la morale et de la religion）出版后，我才真正开始对他产生兴趣。一个特殊的兴趣领域是法国的回忆录文献。我记得［64］我怀着兴奋之情读了雷茨枢机主教的回忆录，让我对17世纪的政治有了理解。或许是由于篇幅太大之故，我对圣西门的回忆录就不是那么有兴趣。雷茨枢机主教的回忆录对我而言特别重要，因为其中描写了一桩重大的阴谋，这类阴谋乃是17世纪所特有的。我研究了瓦伦斯坦（Wallenstein）阴谋、热那亚的菲耶斯科（Fiesco）阴谋，以及西班牙人在威尼斯的阴谋等类似的案例。那时我读的回忆录，有一部是拉罗什富科尔（La Rochefoucauld）公爵的回忆录，使我的研究开始过渡到道德学家的哲学。除了拉罗什富科尔公爵之外，我还读了沃夫纳格（Vauvenargues）侯爵的回忆录，发现了从法国的道德学家到尼采的影响脉络。

1934年我再次到巴黎待了几个星期。这一次我的兴趣在法国16世纪的思想，尤其是博丹（Jean Bodin）的作品。为了全面研究博丹的作品，我搜集了许多材料，实际上后来把它写成了《政治观念史》（History of Political Ideas）的一部分，但从来没有发表。① 当时，我研究了法国国家图书馆关于16世纪历史和政治的法语出版物的书目。我现在记得，书目中的每件作品，我自己都至少借过一次。在这种情形下，我开始意识到蒙古人入侵以及15世纪那些事件——尤其是帖木儿对巴耶塞特一世的暂时性胜利——的巨大影响，发现了16世纪政治进程的模式。实际上，每一位重要的作者都探讨过这些事件，这些事件全然超出西方政治的正常经验，并且带来了一个无法解释的权力的兴起，影响了西方文明的存在，并作为一个因素进入世界历史。欧洲人经历了奥斯曼土耳其人的威胁，以及这种威胁如何被帖木儿的胜利暂时性地打断。这一经验被人文主义者注意到了，而且进入了马基雅维利《君主论》（Prince）中关于那个凭自身德力攫取权力的人的概念。当时搜集的卷帙浩繁的材料，有些在1937年一篇名为《人文主义者笔下的帖木儿》（Das Timurbild der Humanisten）的论文中发表，后来我把这篇论文收入1966年的《记忆》中。② ［65］关于这些事件对马基雅维利的影响，尤其是对他所虚构的卡斯特鲁乔·卡斯特卡尼（Castruccio Castracani）的传记的影响，我写了一篇关于马基雅维利的背景的论文，发表于1951年的

---

① 关于这个文本，参看《全集》第23卷，第6章。
② 英译本收于《全集》第6卷。

《政治学评论》(*Review of Politics*)。但是相当多的材料以及与博丹作品有关的内容从来没有发表。①

同一年,即 1934 年,我在伦敦待了几个星期,检索瓦堡学院(Warburg Institute)的资源,它已从汉堡搬迁到那里。我第一次接触到炼金术、星相学和文艺复兴时期繁复的灵知主义符号话语。那次搜集的材料,已纳入我的《政治观念史》中论"星相学政治"一章,我说过了,这部书还没有发表。② 这种最初的了解,是我后来对星相学和炼金术进一步产生兴趣的基础,而且帮助我获得了对于西方学术史从中世纪经文艺复兴到现代的某些连续性的一种理解。

---

① 参看《全集》第 22 卷,第 1 章。
② 关于文中提到的这个文本,参看《全集》第 23 卷,第 5 章。

12 回到维也纳

［66］结束了洛克菲勒奖学金资助的三年游学之后，我回到维也纳，开始专注于撰写获取任教资格和教授职位所需的出版物。我完成的第一件东西是以"论美国精神的形式"为名发表的那本书，于1928年面世。然后我就寻找新的职位。我开始提出一套政治理论，而且实际上写出了探讨法律理论和权力理论的章节。①接下来本应该有第三部分讨论政治观念，但是当我写到第三部分时，我发现我对政治观念的东西一无所知，因而不得不放弃这项研究政治理论的计划。为了分析所谓观念的问题，我开始专注于以手边的材料获取关于一些特定观念的知识。

这一工作的结果就是我研究种族问题的书。国家社会主义运动显然在政治上处于上升之势；尽管没有人能够预见它会取得政权，但关于种族、犹太人问题等等的争论无时无刻不在进

---

① 英译本收于《全集》第32卷，第4、5章。

行。材料本身需要处理，结果是我写了两本论种族问题的书。在这两本书里，我还纳入了新近获得的、如今得以详细陈述的生物学理论的知识。这一次我发现，一套政治理论，尤其是当它可用于意识形态分析时，必须以古典和基督教哲学为基础。正如我的《种族与国家》一书的第一章，我当时借用了［67］马克斯·舍勒的哲学人类学，就是他在近年出版的《人在宇宙中的位置》（*Die Stellung des Menschen im Kosmos*）中所表述的学问。舍勒的人类学对于分析种族问题这个目的而言已经足够；其种种缺陷对于眼前这个问题而言并不重要，尽管后来当我开始对古典哲学展开原创性的研究时，我发现了这些缺陷。

研究种族问题的过程中，我逐渐认为，如果我想成为一名合格的政治科学家，那么我必须能够阅读古典作家，亦即柏拉图和亚里士多德。我开始在博德克（Hermann Bodek）的帮助下学习希腊文，他大约和我年龄相当，是格奥尔格圈子的一个次要成员，也是一名优秀的古典语文学家。博德克向我介绍希腊语语法的秘诀，以及复杂的哲学文本的读法。我记得在听他讲的为期六个月的课程中，我第一次做了一些翻译，译出了几首巴门尼德的诗。熟悉这门语言对于我后来的工作当然至关重要，不仅关系到我的希腊哲学的知识，而且使我从根本上懂得，除非你能阅读材料，否则你就不能对之加以探讨。这似乎微不足道，但是我后来发现，这一真理不仅受忽视，而且受到相当多人的激烈反对，他们受雇于我们的大学，极轻松自如地谈论柏拉图和亚里士多德，或托马斯和奥古斯丁，或但丁和塞万提斯，或拉伯雷和歌德，却根本不能够阅读他们所高谈阔论的作者们的一句话。

从1933年起在奥地利的那几年，我在情感上为当时的政治事件所纠缠。1929年我成为一名编外讲师（Privatdozent），1936年取得副教授职称，但是这些职位并不与任何物质上的支持挂钩。这些年里，我一直担任法学院的宪法和行政法的助教，先是凯尔森的，后来是默克尔的。这让我获得了一份菲薄的薪水。我记得一开始是每月100先令，1938年我离开时是250先令，大约等于50美元。即使考虑到美元贬值，使这个数翻四番，也不超过每月250美元，我还得为此纳税。生活必需的其他一切东西，我得通过自由撰稿、教课等方式赚取。可以说，我一直就是独立的创业者。

维也纳的局势因1934年内战事件而变得紧张。[68]在那种情形下，意识形态家所导致的中欧社会的灾难性瓦解开始变得显而易见。当时奥地利政府坚决地抵制国家社会主义的任何进展，但其效力遭到反对党的破坏，因为社会民主党因其马克思主义意识形态的缘故，不愿意承认像奥地利共和国这样一个小国亦不得不顺应当时的政治压力。奥地利转向墨索里尼寻求保护，以避免希特勒的更大的邪恶之害。

事实上，作为1920年代的学生，我虽然不是有组织的政党的成员，但和我的大多数朋友一样，我曾经倾向于社会民主党。在1920年的选举中，我投了社会民主党的票。奥地利民族主义的发展，本来是可以抵抗国家社会主义的，但在发展过程中，国内的紧张不断加剧，民众的分裂不断扩大。我并没有参与其中，因为在1924到1927年这关键的三年，我不在奥地利。我依然记得1927年因为"司法大厦的牌子"而爆发的大冲突，当时我正要和几个美国朋友从巴黎出发去诺曼底旅行。

直到 1927 年秋回到维也纳以后，我才再次对奥地利的政治有了兴趣。

出于两个原因，我本人开始更倾向于基督教社会党来组建政府。首先，基督教社会党代表了欧洲文化的诸传统，而马克思主义者至少表面上不是这样。我说表面上，是因为即便很热情的马克思主义者，也还是生活在奥地利的传统中，这个传统是显著的民主的传统，它塑造了奥地利人的习惯。其实，[69]我在经济和社会政治层面倒还是赞同社会民主党的，但面对正在临近的希特勒的邪恶，他们未能采取恰当的应对方案。我当时对社会民主党的态度，与卡尔·克劳斯采取的立场相同。从那场灾难中活过来的意识形态知识分子，还没有原谅克劳斯因过于聪明而对他们的愚蠢不表同情。当然，他们也还没有原谅我。

1933 年后这几年的紧张的结果，是我的《论权威主义国家》（*Der Autoritäre Staat*）一书，① 发表于 1936 年。这是我第一次试图去洞察左翼和右翼的意识形态在当前局势中的作用，而且知道，一个可以抑制激进意识形态的权威主义国家，才是捍卫民主的最佳选择。我当时对这些事情的理论态度，与后来最高法院大法官杰克逊（Robert H. Jackson）所表达的态度并无不同，（在他作为纽伦堡审判的成员熟知了欧洲的种种激进意识形态后）他在泰尔米涅洛案（the Terminiello case）中指出，民主不是"自杀公约"（suicide pact）。

---

① 英译本收于《全集》第 4 卷。

13 德奥合并与移民美国

［70］奥地利毁灭的关键时刻给了我深切的情感冲击。要不是以为奥地利在防御国家社会主义之战中可保安全无虞，我早在1938年以前就离开维也纳了。根据我的基于历史的政治知识，我认为西方民主国家不可能让希特勒吞并奥地利，因为这件事显然会成为一系列事变的开始，并终将酿成一场世界战争。德国占领奥地利会造成它在战略上的优势地位，使它能够征服捷克斯洛伐克；征服了捷克斯洛伐克，它就会把中欧合为一体，从而对西欧列强的战争就有可能取胜。西欧列强完全不作为，这真让我非常震惊。我从一个朋友——他当时在罗马工作，在意大利外交部有朋友——那里知道，希特勒入侵当夜，墨索里尼费尽心思地与英国政府进行了多次声嘶力竭的谈话，呼吁共同行动，却遭到了拒绝。我记得这些事件让我陷入一种无比愤怒的状态。奥地利被希特勒占领后，我甚至一度打算加入国家社会主义党，因为那些自称为民主党人——意为西欧的民主国——的蠢猪，假如

能干出这种万恶的蠢事,当然活该被征服和消灭。但是过去的性格发展不容许我采取这种极端措施。愤怒了几个钟头以后,理性占了上风,我准备移民了。出境是必要的,因为我从不隐瞒我反国家社会主义党的态度,当然我很快就被大学解除了职位。[71]

在准备移民的过程中,有许多通常与这种冒险事业相关的怪事。我的当务之急是在奥地利境外获得一笔钱,因为汇款出境是不允许的。我有一个瑞士的朋友,在维也纳当记者,为瑞士的报纸写报道。我和他商量好,他在奥地利的薪水由我付给他,他则给他在苏黎世的律师留下同等价值的瑞士法郎。这笔钱逐渐增加,成为我从美国领事馆取得移民签证之前在苏黎世几个月生活的保障。

移民计划几乎流产,尽管我在政治上是一个无足轻重的人,抓人首先要抓那些重要人物,最后才会轮到我。正当我们几乎完成了准备,我的护照留在警察局以获得出境签证的时候,盖世太保来到我的公寓,要没收护照。幸运的是,我当时不在家,我的妻子(莉茜)高兴地告诉他们,为了取得出境签证,护照留在警察局了,这让盖世太保感到满意。在几个朋友的帮助下,我们得以赶在盖世太保之前取得了护照,包括出境签证——这都是一天之内的事情。当晚,我带了两个包,赶上一趟开往苏黎世的火车,一路上惊恐万状,生怕盖世太保会查清我的底细,在边界把我逮捕。但显然,在这些事情上,就算是盖世太保也没我和我的妻子有效率,我逃脱了,没有被捕。我的妻子待在她的父母家里,一名盖世太保的警卫就在公寓门前,等着我再次出现。当这名盖世太保的警卫被撤走时,我妻子知道我已逃脱了,约二十分钟后,我从苏黎世发出的电报就到了,告诉她我已经到达那里。

但这只是怪事的开始。在苏黎世,我不得不等待发给已在美国找到工作的学者的非配额移民签证。我在哈佛的朋友——哈伯勒尔、熊彼特,以及发挥了关键作用的政治系主任何尔康(Arthur Holcombe)——已提供给我一个兼职讲师的位置。但我还没有收到正式信函,为了取得美国签证,我不得不等这封信。在等签证的过程中,我同驻苏黎世的美国副领事打了几次交道,一个非常友好的哈佛大学毕业的小伙子,但对我充满疑心。他向我解释说,由于我[72]既不是共产党,也不是天主教徒,也不是犹太人,所以我没有理由不喜欢国家社会主义,没有理由不是一个国家社会主义党人。因此,如果我要逃亡,唯一的理由肯定是有犯罪记录,在查清我犯罪的事情之前,他是不会给我签证的。幸运的是,何尔康的信按时到了,信中建议我担任兼职讲师,信上有他的签名,领事馆的哈佛小伙子终于相信我是一路人,我取得了签证。

我讲这个故事,不是要批评这名副领事,对于政治问题尤其是人的问题,他的看法单纯,这种人大多如此。因此,让我讲一个类似的故事,发生于二十多年后的1960年代。当时我们在萨尔斯堡开一个会议,我和马克思主义哲学家布洛赫(Ernst Bloch)应邀在会上做报告。我们的妻子也去了。晚宴上,夫人们也加入了谈话。布洛赫夫人好奇地询问我们为什么也碰巧来了美国,因为毕竟我们不是犹太人;她问我是否曾是共产主义者。我的妻子解释说,我从来不是共产主义者。于是布洛赫夫人就问她:"那他为什么在奥地利待不下去呢?"如果不是因为受一种对立的意识形态的刺激,或因为自己是犹太人,那么,就我的经验而言,任何人成了反国家社会主义党人,对于我在学术界认识的大多数人来说都是无法想象的。

14　意识形态、个人政治与发表作品

[73] 正如刚才说的那些轶事所显示的，我个人对政治的态度，尤其是对国家社会主义的态度，常常被误解，因为太多在公共场合表达意见的人实际上并不能够理解，一个人抵制国家社会主义，除了党同伐异之外还可能有别的理由。我从 1920 年代第一次知道国家社会主义以后就仇视它，理由可以归结为一些非常基本的思考。首先是马克斯·韦伯的影响。他要求学者具备的德性之一就是"*知性的诚实*"（intellektuelle Rechtschaffenheit）。任何人致力于社会科学，致力于一般说来关于人的科学，除了真诚地想要探索实在的结构，我看不出还有任何别的理由。意识形态，无论是实证主义还是国家社会主义，都沉溺于在智识上站不住脚的构筑。这就造成一个问题：有些人原本并不是十分愚蠢，有些人拥有在日常事务中表现得相当诚实这种次要的美德，可为什么一接触科学，就会沉溺于知性的不诚实呢？毫无疑问，意识形态是知性不诚实的表现，因为种种意识形态终究已屈服于批判，任何人只要愿意去读文

献,都知道它们站不住脚以及为什么站不住脚。如果仍然信奉它们,那么显然可以认为,他缺乏知性的诚实。显而易见的知性不诚实现象又提出一个问题,就是一个人为什么会沉溺于此。这是一个普遍的问题,[74]我在后来数年中需要以复杂的研究来确定种种异化状态的性质、原因和持续性。更直接地说,由于意识形态公然把自身强加于人,这导致我对一切意识形态的反对——法西斯主义、国家社会主义,管它是谁——因为它们与理性的批判分析意义上的科学格格不入。再次回顾马克斯·韦伯这位伟大的思想家,他让我注意到那个问题;我至今仍然坚持认为,任何人,只要是意识形态家,就绝不能是一名合格的社会科学家。

因此,党派问题是次等重要的问题;这些问题属于意识形态家们的相互斗争。然而,这并不是一个新现象。在我研究16世纪宗教改革时期思想论战的作品中,我也不得不指出同样的问题。我在那里把问题概括为如下提法:在一些思想环境中,每个人都错得太离谱,以至于为了至少部分地正确,只要坚持相反的立场就行。对这些结构的考察有助于人们理解"公共舆论"的含义,但是这些结构与科学没有任何关系。

因为这个态度,我被各种意识形态党徒扣上了可能想到的任何名称。在我的档案材料中,给我贴上的标签有法西斯主义者、国家社会主义党人、老自由派、新自由派、犹太人、天主教徒、新教徒、柏拉图主义者、新奥古斯丁主义者、托马斯主义者,当然还有黑格尔主义者——而且不要忘记,有人以为我受到了休伊·朗(Huey Long)的强有力的影响。这份清单我认为具有某种重要性,因为形形色色的描述当然总是批评者用来称呼他们各自的眼中钉的，因而它十分生动地展示了当代学术界的智识毁灭和败坏。可以理解，我从来就不回应诸如此类的批评；这种批评者可以成为研讨对象，却不能成为讨论伙伴。

我憎恨国家社会主义和其他意识形态的另一个原因很简单。我对杀人取乐十分反感。个中有什么乐趣，我当时不是十分清楚，但这些年间对革命意识的丰富探究，已多少帮助我澄清了这件事情。乐趣就在于通过［75］维护某个人的权力，最好是杀掉某些人，来获得一种虚假的认同，这种虚假的认同是人类已迷失掉的自我的一个替代品。这些问题中的某些方面，我在1970年发表的《实在之遮蔽》(Eclipse of Reality) 一文中有所涉及。① 为了在一个"替代形式"(Ersatzform) 中重新获得已迷失掉的东西，不得不杀掉其他的人。这个类型的自我的一个很好的例子就是著名的圣茹斯特（Louis Antoine Leon de Saint-Juste），他说，布鲁图斯要么杀死别人，要么杀死自己。这个问题，加缪（Albert Camus）已研究过。而知识分子，就是那些已迷失了自我，试图通过成为这个或那个凶残的极权主义势力的捐客而重获自我的人，这些人在蓄意谋杀时的泰然自若，梅洛－庞蒂（Maurice Merleau-Ponty）的《人道主义和恐怖》(*Humanisme et Terreur*, 1947) 已出色地作了展示。对于这些角色，我绝不抱任何同情，而且会毫不犹豫地称他们为凶残的猪猡（murderous swine）。

我所能确定的我憎恨意识形态的第三个动机，是我喜欢维

---

① 扩充版收于《全集》第28卷，第3章。

护我的语言的干净。意识形态和意识形态思想家的特征就在于对语言的摧毁，有时是在一种高度复杂的知识黑话的层面上，有时是在一种俗语的层面上。就我个人对于各种黑格尔主义者类型及其他类型的意识形态家的经验而言，我的印象是，许多具有相当智识能力的人愿意成为黑格尔主义者，因为黑格尔要复杂得多。个中差异并非由于什么深邃的信念，而是由于某种类似于趣味的东西，就好比一个人喜欢下棋而不喜欢打牌。黑格尔要更为复杂，一个人可以轻易地耗费一生的光阴，去探索从黑格尔体系的这个或那个角落出发来对实在加以解释的种种可能，而理所当然地不触及那些本属错误的前提——或许永远不会发现竟然有许多前提原本就是错误的。在与黑格尔主义者的谈话中，我经常发现，只要一触及黑格尔的前提，黑格尔主义者就会拒绝进行辩论，而且向你郑重告诫：除非你接受黑格尔的前提，否则你就不可能理解黑格尔。这当然是正确的。但是，如果黑格尔的前提是错误的，那么从这些前提中导出的所有东西也就是错误的，因此一个精明的意识形态家不得不避免讨论前提。在黑格尔的案例中这比较［76］简单，因为黑格尔是一流的思想家，通晓哲学史，如果你想非难黑格尔的前提，你必须通晓它们在普罗提诺（Plotinus）和17世纪新柏拉图主义那里的神秘论背景。而在那些高谈黑格尔的人当中，很少有人拥有同他不相上下的哲学知识。因此，这些前提很容易被遮掩起来；有些时候甚至不用遮掩，因为它们已经隐藏在那些谈黑格尔之人的无知的黑暗中了。

要对国家社会主义的观念进行讨论是极其困难的，1964年我在慕尼黑大学上"希特勒和德国人"的讨论课时就发现了这一点,① 因为在国家社会主义以及相关文献中,我们所处的层面,[78] 根本就不可能进行理性的争论。为了处理这类修辞,必须首先提出一套哲学语言,根据哲学家们对人性的经验,以及许多完全无法阅读哲学家的作品的人们在庸俗层面上对这类符号的曲解,进入符号化问题。再说一遍,处在这个层面上的人——我把他们说成庸人,鉴于他们开始在社会上变得重要,也可以说成是暴民政治阶层——只能成为科学研究的对象,而不能成为讨论伙伴。这些庸人的、暴民政治的问题绝不可轻视;你不能只是对之不予理睬。这些问题是事关生死的重大问题,因为庸人会制造出一种智识氛围并主宰它,在此氛围中,希特勒之流的人物就有可能上台掌权。所以我得说,在德国的案例中,文学和报刊层面上的德语败坏者,就是卡尔·克劳斯三十多年间在《火炬》中描写和分析的那些人,他们是对国家社会主义党人的暴行负有罪责的真正罪犯;仅当社会环境遭到庸人的极大破坏,以至于一个真正代表这种庸俗精神的人能够上台掌权时,这些暴行才是可能的。

这些动向当时在我看来是十分清楚的,但清楚其方向,并不意味着对其意蕴洞若观火。[对我而言,]探讨智识的扭曲、曲解、欺骗、庸俗化这些高度复杂的现象,所需的智识装备还不存在,因此有必要进行研究来制造这种装备。我在1938年以《政治宗教》(*Die politischen Religionen*)发表的研究,② 就

---

① 英译本参看《全集》第31卷。
② 英译本收于《全集》第5卷,该卷还包括《新政治科学》和《科学、政治和灵知主义》。

属于这个语境。当我谈"政治宗教"（Politischen Religionen）时，我依照的是某一类文献的用法，它把意识形态的运动解释为形形色色的宗教。这种文献的代表是路易·鲁吉耶（Louis Rougier）的出类拔萃的《论政治神话》（*Les Mystiques politiques*）一书。这种解释并非尽错，但是我不会再用"宗教"一词了，因为它十分含混，而且它把真正的存在问题与另一个有关教条或教义的问题相混淆，从而已经扭曲了真正的存在问题。此外，在《政治宗教》中，我仍然把诸如 [79] 埃赫纳顿（Ikhnaton）的精神运动、中世纪的属灵与属世权力理论、启示录、霍布斯的利维坦以及某些国家主义的符号话语等现象一概而论。要想作出更为准确的探究，就必须在这些不同的现象之间作出更广泛的分殊。这部书于1938年3月刚刚从印刷机里出来时，国家社会主义党人就占领了奥地利。贝尔曼-费希尔（Berman-Fischer）出版社是占领军的一个必然目标，这个版本在出版社就全部被没收，从未到达读者手里。后来我听说有许多册已经流入市场，显然是一些国家社会主义机构从盖世太保那里得到了这些书，它们在第二次世界大战后开始流传。

1936年在维也纳出版的《论权威主义国家》（*Der Autoritäre Staat*）一书，① 总的来说是一件强制劳动的产品。我已取得了社会学编外讲师的资格，想把我的讲授许可（venia legendi）扩大到政治科学。为了这个目的，我必须写一本具有无可置疑的政治科学性质的新书，而且最好就奥地利政治相

---

① 英译本收于《全集》第4卷。

关的主题来写。当时材料十分丰富，因为 1930 年代出现了对国家社会主义的普遍反抗，包括 1934 年的内战、对恩格尔贝特·陶尔斐斯（Engelbert Dollfuss）的暗杀，最后还有共同宪法的创制。这个新的权威主义政体及其背景是一个适于探讨的主题，因为在当时没有人注意到这些事情。

这本书有点杂乱。首先，我处理了"全能的"（total）和"权威主义的"（authoritarian）这两个符号。再说一遍，我应该强调，在当时没有人处理这个性质的问题，适于处理这些主题词的智识装备还没有制造出来。在那里，我提出了名目（topoi）和概念的区分。这个区分是正确处理政治中的语言问题的基础。通常，在政治中无论什么语言符号，其本身都会被接受，并进入含糊的政治观念王国。要使这个含糊的大杂烩具有某种合理的秩序，首先一步是要搞清楚理论是由什么构成的（这个问题已促使我去研究古典政治哲学），理论概念在哪些方面不同于另一类语言符号：[80] 这些语言符号并不表达存在秩序，所表达的是各种失序以及庸俗水准的文盲们仅一知半解的对概念的扭曲。诸如"全能的"和"权威主义的"等符号，就属于这一类政治符号，而绝不是理论概念。

我对奥地利的权威主义国家的解释，在很大程度上得益于莫里斯·奥里乌（Maurice Hauriou）的制度论（institutionalism）。另外，我早已进军哲学史的各个领域，我能够看出，在一个关于集体的假定中——这种假定认为集体有理由将其成员当作从属者来对待，从属者必须服从代表该集体之人的想法——有某种东西类似于阿威罗伊的"一智慧"（intellectus unus）概念，对于"一智慧"而言，人类的心智不过是一点火花。我不确定我是否很清楚地意识到这个发现的重要性。当然了，我已经知道，这个"一智慧"的概念若转化为一种内在于世界的实体——所谓的"国家"或"种族"——及其代表，对于人的人性而言具有毁灭性力量。而且，我当然意识到中世纪阿威罗伊与托马斯对亚里士多德灵魂学的解释的严重分歧，我更倾向于站在托马斯一方，而非阿威罗伊式的思想家们一方。我当时钻研的一点材料，后来发表于我 1944 年的《布拉班特的西格尔》（Siger de Brabant）一文中。①

对我的这种发现的反应带来了好玩的意外结果。鉴于阿威罗伊碰巧是个阿拉伯人，而阿拉伯人是闪米特人，闪米特人终归是犹太人，某些与国家社会主义政权关系密切的思想家——比如施密特（Carl Schmitt）——正经开始怀疑么什国家社会主义的集体主义与这种闪米特起源有什么牵连。该书第一部分中的一个重要元素，也是我对卢梭的集体主义变种的最早的清晰理解。当时我并没有进行太多的分析，只写了几页纸，但这个问题，后来塔尔蒙（J. L. Talmon）在《极权主义民主的起源》（Origins of Totalitarian Democracy）中做出了精彩的研究。

该书第二部分从历史的角度考察了 1848 年以来奥地利的立宪问题。对我而言，正好趁此机会了解一下［81］奥匈帝国中的立宪问题背景，以及随着 1918 年之后奥地利共和国诸问题的发生而找到的一系列解决方案。

第三部分探讨新宪法，我详尽分析了凯尔森的纯粹法理论及其与一套奥地利特色的政治理论的关联。分析长约五十

---

① 未删节的原版收于《全集》第 20 卷。

页。正是这个部分，使我与凯尔森之间产生了龃龉，因为很显然我在这里并不反对纯粹法理论，而是反对它声称要取代政治理论。我不得不强调，对于理解政治问题而言，一套法律理论是不够的，而且，认为人们不应该也不可能科学地探讨政治问题这种看法更是具有毁灭性的后果。自此以后，我与凯尔森的关系就不同于往昔了，时隔多年，1952年《新政治科学》问世后，同在美国的他撰写了一篇有一本书厚的详细的批判，要彻底碾压我。不过，他很友好地让我读了手稿，而这部批判一直没有发表。这大概是因为，我通过一封措辞谨慎的信件，以及几个更为坦率直言的朋友，直截了当地告诉他，他对相关历史和哲学问题的理解并不正确，那篇文章发表出来只会有损他的声望，而不是有损我的声望。《论权威主义国家》于1936年问世，1938年纳粹占领奥地利后就停止销售了，所以当时并没有引起多大注意。后来也没有，因为在俄国人攻占维也纳期间，一枚炸弹偏生就落在斯普林格（Springer）出版社，全部存书都在地下室里烧掉了。

15　1938年移民

［82］我前面说过，我险些没有逃出奥地利。盖世太保打算没收我的护照，这将意味着我除了偷越边境之外，绝无移民的可能。但盖世太保对我的注意也有其有趣的一面。例如，在对大学教员进行普通审查时，一个盖世太保军官来到我们家，搜查了我的书桌、抽屉、书架，想看看我在干什么。他是个二十五岁左右的年轻人，当我们熟悉一些后，他告诉我他原先在汉堡当律师，刚刚检查我的书桌是要寻找罪证。由于当时我已被大学解雇，除了准备移民以外什么事也没有，因此我完全有闲暇来探索许多复杂问题。当时我正在研究帝国问题，我的书桌上堆满了关于拜占庭帝国的论著，有几本是英文和法文写的。他粗略翻阅了这些拜占庭帝国的文献，过了一会儿他说，他负责检查法学院的所有教授，我的书桌是他看到的第一张看上去像学者的书桌。气氛变得越来越轻松了。他奉命搜罗有关我的政治兴趣的某些罪证。我的书架上当然有许多政治性质的重要资料：希特勒的《我的奋斗》(*Mein*

Kampf）,舒施尼格（Kurt von Schuschnigg）的《我的奥地利》（*Dreimal Österreich*）,墨索里尼（Mussolini）的《法西斯主义学说》（*Dottrina del Fascismo*）,以及马克思的《共产党宣言》（*Communist Manifesto*）。于是他拿走了舒施尼格和马克思的书。我抗议说,这会造成对我的政治兴趣的不公平的印象,因为我的兴趣是中立的。我建议他一并拿走希特勒的《我的奋斗》。他拒绝了,我因此拥有本书的一个非常早的版本。但［83］这时我们已经更熟络了。由于他不得不带走我的几本书,比如《论美国精神的形式》和关于种族问题的那几本书,所以我建议说,精装本不好拿,倒不如拿走这些书的校样。他欣然同意,满足于只拿走校样,所以我能够保有这些精装本,现在仍在我手上。

他来家里时,我的妻子,一位很爱整洁的女士,想要拿走他扔在椅子上的外衣,把它挂到壁橱里。他当即吼道:"别碰!里面有我的手枪。"

但在那时现行法令下不得不视为法律正当程序的东西,基本上还是得以执行了,而且,尽管我明显是某些人注意的目标,我的妻子却不是。此外,当我离开时,她可以待在她父母那里,他们是国家社会主义党人,他们客厅里有一张希特勒的巨幅画像。当然,我在盖世太保想要没收我护照的那天晚上离开后,次日清晨他又回来了,为的是打听我和护照的下落。然后就有一个卫兵被布置在我岳父母的住宅外面,我的妻子就在住宅里。但我到了苏黎世之后,卫兵不见了,二十分钟后我的电报就到了。一个星期后,妻子和我在苏黎世会合。当然,我们不得不留下了几乎所有的东西,但带走一些家具,以及最重要的是带走我的藏书,也是可能的。然而,有些物件却不得不留下。也有一些有趣的细节。例如,我不得不留下我的集邮册,那是我从孩童时就开始收集的,非常珍贵。我听别人说,尽管执法相当严格,但还是可以把许多东西带出境。例如,我知道一位年轻的女士,是个艺术家,得到了丢勒(Dürer)的几张版画原作。由于要把艺术品带出境必须获得许可,她就把丢勒的版画混在她[55]自己的作品里。检查行李的官员一张一张地翻看这些版画,当他翻到某幅丢勒的版画时,他说道:"嗯,你作为一个艺术家,有进步嘛!"然后就给她放行了。

16　在美国的生活：从哈佛到路大

[84] 1938年到美国时，我在哈佛有一个兼职讲师的职位。这是通过许多职员才取得的，尤其是艾略特（W. Y. Bill Elliot）、冯·哈伯勒尔、冯·熊彼特和何尔康，何尔康是政治系主任，同意聘任我。然而，这一聘任有严格的期限，我仍然记得我与何尔康的第一次谈话。当我去哈佛拜会他时，他干练而准确地告诉我，哈佛大学乐意给我这个为期一年的机会，一年结束，这个机会也就没有了。得到这个聘任的重要性首先在于，这样我就能够拿到前面提到的非配额移民签证。否则的话，我就得等上一段不确定的时间，直到轮上拿普通移民签证。第二，以哈佛为起点具有无比的价值，对于去寻找别处的工作而言，这是一个很好的联络地址。在哈佛的第一个学期，我就立即开始联系找工作。为了这个目的，我写了超过四十封以上的信件，寄给各个大学和名人，搞得我想要一份工作的愿望举国皆知。最快的结果是位于佛蒙特的本宁顿学院聘任我为1939年春季学期的讲师［这需要从坎布里奇通勤往返］。

本宁顿的生活对我来说是一种全新的经历，我在当时只能部分地吸收，因为我关于美国社会的背景知识还比较欠缺。不过我还是明白，我不想留下，尽管［85］下一年可做助理教授，还会有五千美金薪水，非常诱人。我拒绝这个岗位而去找别的事做，原因在于东海岸的环境。尤其是在本宁顿，我发现一种特别强大的左派因素，教员中有一些直言不讳的共产主义者，学生当中还要更多。这个环境并不比我刚刚逃离的国家社会主义的环境更对我的胃口。总的来说，我发现在东海岸的院校有太多来自中欧的难民，如果我留在东部，我的身份就不可避免地与难民团体成员的身份相同。这实际上也不对我的胃口，因为我早已下定决心，一旦我被国家社会主义党人逐出奥地利，我就要彻底告别过去，从此以后做一个美国人。然而，要是打上了难民团体成员的烙印，我就很难达成这个目的。另外，我想成为一名政治科学家。为了这个目的，我不得不通过讲授来熟悉美国政治，而一个外国人是不可能在东部的任何一所院校找到美国政治的教职的。

所以我接受了亚拉巴马大学的聘请。在那里我将进入一个完全没有难民的环境，这样，适应和进入美国社会至少不会从一开始就由于外在因素而受到阻碍。此外，我在那里有机会讲授美国政治，罗斯科·马丁（Roscoe Martin）任主任的那个系足以让我忙上一段时间去获得关于美国制度的新知识了。薪水少得可怜：我想大概是年薪2500美元，刚好是本宁顿开出的一半。但是使自己适应新环境的这个总体效果实际上是达到了，这要感谢南方人真正仁慈的接纳，他们多少有几分纡尊降贵地乐于保护一个欧洲来的无辜者。我特别要感谢系主任的夫人米尔德丽德（Mildred Martin），她同我的妻子建立了完美的友谊，给了我们极大的帮助，向我们提出各种建议，让我们没有因为许多不利的言论而伤心难过。

在亚拉巴马当助理教授两年半期间，我深入钻研了美国政治、美国宪法，甚至一些关于公共管理的知识。[86] 与此同时，我还要讲授一门政治观念史课程。由于从那时起我就是南方政治科学学会的成员并参加他们的会议，我的一些同事开始知道了我的活动，时任路易斯安那州立大学系主任的哈里斯（Robert J. Harris）教授邀请我去路易斯安那当副教授（1942年），我很高兴地接受了，因为这会稍稍改善我的财务状况，当然在环境方面也是一种改善。

那个时代还属于最初创办了《南方评论》(*Southern Review*) 的那帮人。当我到达时，那里有英语系的海尔曼（Robert B. Heilman）和布鲁克斯（Cleanth Brooks），沃伦（Robert Penn Warren）也在那里，他一年后去了明尼苏达。我还记得我最起码有一次在聚会上遇见了安妮·波特（Katherine Anne Porter）。政治系之外的这个环境具有不可估量的价值，因为我现在已经进入文学批评这项有趣的活动，而且获得了许多英语文学和语言领域的权威人士的友谊。我特别想要提到海尔曼给予的帮助，他向我介绍了一些美国文学史上的秘闻，热心帮助我克服了掌握地道的英文文体过程中的困难。我还记得最重要的一件事情，有一回他翻阅了我的手稿，约有二十来页，他在手稿上标出了每一个错误的语言习惯，这样我就有了一个可靠的错误清单，我不得不对这些错误加以全面改正。我必须说，海尔曼的分析是我英文理解力的转折点，帮助我逐渐获得了对这门语言的适当掌握。①

同布鲁克斯和海尔曼的友谊，还帮助我获得了某种关于美式英语随不同社会群体而分层的知识。当你作为外国人来到美国时，你肯定会淹没在［87］周围各种人所讲的语言里，有些人讲准确的英语，有些人讲方言，有些人使用带有各种错误的低俗词汇。如果你尽最大努力去适应你的环境，而对于这个环境属于什么层次却缺乏任何批判性的知识，那么你可能会落到庸俗等级的底层。海尔曼和布鲁克斯当然非常明了这种语言的社会分层，他们帮助我证实了我对于在该环境中听到的语言的猜测。

这个问题的性质，可以从我跟布鲁克斯的一次谈话中得出。有一次穿过校园时，我见他陷入了忧伤和沉思，我问他为何忧心忡忡。他告诉我说，他要为他和罗伯特·潘·沃伦共同编写的一本英文文体教材写一个关于典型错误的章节，而去找典型错误真是个苦差事。我有点惊讶，天真地对他说："啊，找典型错误很简单呀。随便拿起一本教材，你都会在每一页纸上发现六七个错误。" 他解释说，他不能使用这个方法，因为教育学者们的文字远远低于平均水准，他们的错误不能视为一

---

① 参看 Charles R. Embry 编，《海尔曼与沃格林的文字之谊：1944—1984》，前揭。有关沃格林逃离奥地利后到达美国的详细情况，参看 Barry Cooper，《沃格林与现代政治科学的基础》（*Eric Voegelin and the Foundations of Modern Political Science*，Columbia: University of Missouri Press, 1999），第 1 章。关于沃格林在路易斯安那州立大学的 16 年经历，参看 Monika Puhl，《沃格林在巴吞鲁日》（*Eric Voegelin in Baton Rouge*，Periagoge series，Munich: Wilhelm Fink Verlag, 2004）。

个普通讲英语的人的典型错误。此外，他正在使用的社会学教材，有时候要读上二十页才能撞到一个真正好的例子。即便如此，他还是担心，因为社会科学家们的英文也不能被视为典型，而是低于平均水准，虽然没有教育者们那么低。

我不得不逐渐了解这种类型的语言分层，以掌握一种尚可忍受的英文，摆脱意识形态的套话，也摆脱学术界庸俗层次的种种过敏反应。

我的活动中心当然是在政治系。我要上两段美国政治，所以我实现了讲授美国政治长达16年的目标，要是算上亚拉巴马那些年，就是20年。我对美国制度的理解得到了哈里斯的很大帮助，他成了我的亲密朋友。他是有关最高法院判决的一流行家，能够向我解释许多事情，否则这些事情我可能很长时间都弄不清楚。［88］特别使我感激的是，我从与他的谈话中懂得了在最高法院判决中程序法的极端重要性。除了美国政治，我还要讲授比较政治的课程，有一次甚至上过外交史，而总的来说，那些年里我的主课是"政治观念史"。

17 从政治观念到经验符号

[89] 这就把我带进政治观念史的问题了。在哈佛时,我已见过莫施泰因－马克思(Fritz Morstein-Marx),他当时是麦格劳—希尔图书公司(McGraw-Hill)教材系列的编辑。他可真是个好人,请我为这个系列写一本中等篇幅的教材,我想大概是两百到两百五十页。于是我除了讲授政治观念史之外,还要去写一本政治观念史。我开始准备材料,一开始用萨拜因(George H. Sabine)的《政治学说史》(*History of Political Theory*, 1937)作为范本来决定材料的取舍,该书在当时是一部权威作品。但是随着我开始更深入地研究这些材料,我发现此前对这些材料的处理并不恰当,我自己对这些材料的知识并不足以更恰当地处理它们。我实际上不得不研究从希腊开端到当代的文献。这就是我历时多年所做的事情。然而,这个方法打破了为莫施泰因－马克思系列写一本小型教材的计划。我不能按时交稿,因为我仍然在获取文献资料的知识,我获得的知识越多,手稿就变得越厚。

但这还没完。有一件事在工作过程中变得显而易见：过去加在观念史上的限制让它始于希腊古典哲人，终于当代某些意识形态，这种习见其实站不住脚。其中几个问题，我还在亚拉巴马时就已发现了。我发现，如果对基督教起源的知识不比我当时所知的更多，就无法写好中世纪及其政治，[90] 而如果不进入犹太教的背景，就不可能恰如其分地理解基督教的开端。所以正是在亚拉巴马，我开始跟当地的拉比学习希伯来文，他也在该大学教希伯来文。开始很艰难，但我逐渐掌握了足够的语法和词汇知识，能够校对译文，最后能够基于文本自己翻译。通过对以色列背景的这些研究，一部政治观念史开始于希腊哲学这个模式就被破除了。然而更糟糕的是，我得知了芝加哥大学东方研究所的成员们所进行的古代近东文明研究的辉煌成果。这样一来，背景就已拓展到以色列所从出的古代近东帝国，以色列人是基督徒的背景，而基督徒是中世纪观念的背景。政治观念史的线性发展模式——就是从想当然的柏拉图和亚里士多德的宪政论，经过可疑的中世纪宪政论，进入辉煌的现代宪政论——坍塌了。

然后，这个模式也沿着另一条线崩溃了。我已经把我的《政治观念史》写到了19世纪。关于谢林、巴枯宁、马克思和尼采的几大章已完成。在写谢林一章时，我突然意识到，观念史这个概念乃是对实在的一种意识形态的扭曲。并没有观念，唯有表达直接经验的符号。另外，不可能在"观念"这个名目下处理埃及的加冕礼，或者苏美尔人新年节庆时的《创世史诗》（*Enuma Elish*）吟诵仪式。我当时还没有真正地明白观念的概念来自何处，意思是什么。直到很久以后我才发现,这个起源或许见于廊下派的共同观念(koinai ennoiai)。这些共同的或者说自明的看法,是洛克《人类理解论》(*Essay Concerning Human Understanding*,1690)第一章中批判的出发点——他反对这类看法,为的是回到那些生成观念的经验。

这种种的机缘使我意识到,我对于观念史的因袭的先入之见在理论上是不恰当的,[91]它们不是一下子就出现的,而我没有立即找到解决办法。我要把1945至1950年这五年概括为彷徨期——如果不说是瘫痪期的话。我发现了问题所在,却无力令人满意地以智慧去洞察它们。我的工作并未止步。我不得不继续挖掘材料。第二次世界大战期间,我的视野变得更宽了,因为中国已经变成时髦的话题,考虑到我的语言能力,系里决定让我来教中国政治。这就让我投身于中国历史的研究。由于不理解中国的经典就很难谈论当代中国的观念,我开始学习中文,学到足以理解经典的字义,尤其是孔子和老子的经典。这种知识对于理解中国思想有很大的帮助,而且今天仍然有帮助,因为我能在毛泽东夫人所宣扬的革命歌剧中看出周代的诗歌模式,细微的差别在于,周代的作者们歌颂周王朝的胜利,而现代的革命歌剧则歌颂革命军的胜利。不过,总体而言,这是一个理论瘫痪时期,问题山积,对于这些问题,我还没有找到解决办法。

突破发生在1951年我在芝加哥做沃尔格林讲座的时候。讲座中我被迫以比较简短的形式,把我已开始酝酿的一些想法提出来。我全神贯注于"代表"问题,以及代表与社会和个人的实际存在的关系。比如说,苏联政府显然不是凭西方意义上的代表选举而掌权的,却仍然是俄罗斯人民的代表——但凭的是什么呢？这个问题，我当时称为存在上的代表问题。这种存在上的代表，我发现始终是有效统治的核心，和存在上的代表性政府赖以取得其地位的那些正式程序无关。在一个比较原始的社会中，人民没有能力进行理性辩论，也没有能力组建选择议题的政党，政府将依赖于传统的或革命的力量，而不是选举的好处。这个政府［92］受到容忍，乃是因为它多少充分地满足了任何政府之建立所追求的基本目的——保障内部和平，防御外来入侵，执行正义，照料人民福祉。如果这些功能实现得相当好，政府借以掌权的程序就是次要的。然后，我发现除了这种存在上的代表以外，许多历史上存在的社会还声称是"超越的"代表，我当时这样称之。超越的代表是指，政府乃是宇宙中神圣秩序的代表者这个职能的符号化。这是最根本的符号话语，可追溯到古代近东的那些帝国，在那里王在神面前是人民的代表，在人民面前是神的代表。统治秩序的这个根本结构始终没有改变。

刚才提到的这个问题必须以理论范畴来表达。数年以来，通过对基督教和中世纪历史的研究，我已意识到形形色色的宗派运动，关于它们的态度和信仰还没有得到很清晰的描述。在1940年代和1950年代，我逐渐意识到，除了古典哲学和主要由教会所代表的启示基督教，还存在着多种的原教旨信条符号化，这些原教旨信条，该领域的专家把它们归入灵知主义。我记得，我最早意识到灵知主义问题并将其用于现代意识形态现象，是通过巴尔塔萨发表于1937年的《普罗米修斯》(*Prometheus*) 的引言。自1930年代以后，关于灵知主义的文献与日俱增，关于其现代的类似现象的说法也随处可见。

我发现，灵知主义从古代到现代的连续性，在 18 世纪和 19 世纪早期的那些优秀学者中间是一个常识问题。我愿意提到鲍尔（Ferdinand Christian Baur）1835 年的伟大作品《论基督教灵知主义：或基督教宗教哲学的历史发展》（*Die christliche Gnosis: oder, die christliche Religionsphilosophie in ihrer geschichtlichen Entwiklung*）。[93] 鲍尔展示了灵知主义的历史，从古代的灵知起源，经过中世纪，讲到波麦（Jakob Böhme）、谢林、施莱尔马赫（Schleiermacher）和黑格尔的宗教哲学。

我想强调，灵知主义及其从古代到当前的历史，是一门得到了极大发展的科学的主题，把当代现象解释为灵知主义，并不像批评我的文盲们（ignoramuses）所以为的那样是什么原创之论。总体而言，我愿意说，如果是我自己发现了我为此而遭到知识分子批判的所有的历史和哲学问题，那么我毫无疑问就是人类历史上最伟大的哲学家。关于灵知主义的范畴可运用于现代意识形态，我在发表任何东西之前，都会咨询我们当代关于灵知主义的权威人士，尤其是巴黎的普埃奇（Henri Charles Puech）和乌德勒支的魁斯佩尔（Gelles Quispel）。普埃奇认为现代意识形态当然就是灵知主义的思辨；魁斯佩尔则让我注意到他特别感兴趣的荣格的灵知主义。

由于我最早是在《新政治科学》和 1959 年的《科学、政治和灵知主义》中把灵知主义运用于现代现象，我已不得不修正了我的立场。把灵知主义的范畴运用于现代意识形态，当然是站得住脚的，然而，更完整的分析还有其他的因素需要考虑。其中一个因素是直接出自以色列先知、中经保罗、在直到文艺复兴时期的基督教宗派运动中构成一个持久分支的"变形启示录"（metastatic apocalypse）。对这种连续性的一项优秀考察是柯亨（Norman Cohn）的《追寻千年王国》（*The Pursuit of the Millennium*）。此外我发现，无论是启示论的分支还是灵知主义的分支，都不足以彻底说明内在化的过程。这个因素有其独立的根源，那就是15世纪晚期佛罗伦萨新柏拉图主义的复活。试图通过复活新柏拉图主义来重新获得对宇宙秩序的理解，这种努力流产了；要想复活古代意义上的宇宙的神圣秩序，就需要复活异教诸神，而这是行不通的。新柏拉图主义者们试图复活宇宙之内的神圣秩序，［94］结果剩下的就是一种内在的实在秩序——像今天这样，当基督教的上帝在异教诸神之后也被抛弃时，这种内在主义就必然成为世俗主义。

因此，必须考察那些造成了内在主义之构筑的经验。作为历史现象，它们还不为人知。或许最重要的是由霍布斯开启的从奥古斯丁式的灵魂结构中移除"爱上帝"（amor Dei），并把灵魂的定序力量还原为"自爱"（amor sui）。到了18世纪，这个还原由于法国道德学家们提出的"自爱"（amour-de-soi）心理学而大行其道。尽管这个现象本身不容置疑，但对现象的解释却很困难，因为传统的哲学术语已接受了这种新的还原主义立场的前提——这个还原主义的立场并未获得分析和批判的关注。直到近年以来，我才提出了"自我显现的反叛"（egophanic revolt）这个概念，以便指称对作为根本经验的自我显现的那种专注，这种自我显现遮蔽了古典和基督教的意识结构中的上帝的显现。在《新政治科学》中，我使用了"人类启示录"一词来概括这个问题。我在那里想强调，发现人的可能性是现代的标志。这一发现无疑是确凿的，但仅仅强调这一发现，并不足以说清楚它的还原主义脉络。对人的发现，不得不以上帝之死为代价，正如黑格尔和尼采针对这一现象所言。"自我显现的反叛"一语，区分了精力充沛的自我的这一经验与神性显现的人性构成的经验，是迄今我能打造的最好术语。

"变形启示录"一语需要稍加解释。在研究以色列先知时，我不得不提出这个术语。在以赛亚的预言里，我们碰到一件怪事，以赛亚告诫犹大国王，不要依赖耶路撒冷的防御和他的军队，而要依赖自己对耶和华的信仰。如果国王有真诚的信仰，上帝就会做余下来的事情，在敌人中间降下瘟疫或恐慌，该城就会化险为夷。国王具有足够的常识，[95]未听从先知的建议，而是依赖防御和军备。但先知仍然认为，实在的结构会因信仰行为而产生有效的变化。

在研究这个问题并试图理解它的过程中，我最初的想法当然是，先知沉迷于魔法，或至少相信魔法。这并不奇怪，因为在以色列的历史上，比如说指导国王引弓而射，这一直是先知的职能，他们将之作为一种魔法，认为它会为国王带来胜利。在以色列的案例中发生的东西，本来就是现代心理学中尼采或弗洛伊德称之为更原始的身体魔法的升华（sublimation）的东西。然而，我依然对此感到不安，还就此事专门咨询了海德堡的格哈德·冯·拉德（Gerhard von Rad），他对这一看法感到震惊：像以赛亚这样一个崇高的精神先知，竟然是一个魔法师。对于他的态度，我印象极为深刻，以至于作了让步。我没有使用魔法一词来讲以赛亚所建议的做法，而是造了一个新词，来描述这种特殊的、升华了的魔法信仰，即相信可以通过信仰行为来改变实在的结构。我把这种信仰称为变形信仰——

相信可以通过信仰行为来达致实在的变形。我不知道我今天还会不会作这个让步,因为这种信仰确实就是魔法,尽管需要分清楚这个升华了的变种与一种更加原始的魔法。如果非要在魔法信仰与变形信仰之间作出明确的区分,我担心它们共有的因素——试图通过自然因果关系之外的手段产生人所想要的结果——就会被障蔽。

18 舒尔茨与意识理论

［96］我与舒尔茨就意识问题的通信，标志着我对于整个1940年代及我动笔写作《秩序与历史》时困扰我的那些问题，在理解上有了重大进展。这些通信直到1966年才作为我的《记忆》一书的第一部分发表。要与舒尔茨通信，是读胡塞尔的《论欧洲科学的危机》（Die Krisis der europäischen Wissenschaften）时突然想到的。胡塞尔的研究令我兴趣盎然，因为它出色地清理了从笛卡尔到他本人的作品的历史。它也令我相当焦躁，因为里面多少有一种哲学家的天真的傲慢，他以为他的现象学方法已最终开启了他所谓的不容置疑的哲学视野，从此以后，每个人要想成为严肃的哲学家，都必须是胡塞尔的追随者。这种傲慢未免有点儿强烈地使我想起其他各种终极哲学，比如黑格尔的哲学，以及国家社会主义党人对于他们的哲学是终极真理的确信。我尤其反感胡塞尔把自己说成是精神工作人员时那种语言上的自以为是，因为这种语言使我想起我近年与其他类型的工作人员打交道的经验。为了继续我早期

在《论美国精神的形式》中对意识的分析，我开始对胡塞尔的意识概念展开一种详尽的批判，关键的论点是，他的意识模式是对外部世界对象的感性知觉。尽管人们可能会同意他 [97] 对这一感知模型所作的深奥复杂的分析，但在我看来，断言除了对外部世界对象的意识以外没有任何东西关乎意识，却是荒谬的。当时是 1942 年，我已充分地知晓古典哲学、教父哲学和经院哲学，足以懂得，那些把哲学建立在意识分析之上的哲学家们分析了一些意识现象，而不仅只分析对外部世界对象的知觉。因此，我开始研究这样一个问题，即究竟什么是构成人之意识的经验；我在《记忆》中做了研究，这是一部关于我的童年的重大经验的回忆。事实上，我写了二十篇简短的概述，每篇讲述一个这样的早期经验，因此合在一起就有点儿像我十岁以前的思想自传。

那里描述的现象无疑是意识现象，因为它们描述了我作为一个孩子对现实的各种领域的意识。而这些经验与对外部世界对象的感性知觉并没有多大关系。例如，其中有一个经验根深蒂固，直到四十年后还能记得，那就是海斯特尔巴赫修士（the Monk of Heisterbach）的故事。海斯特尔巴赫是柯尼希斯温特附近的一座中世纪修道院的遗址，我们星期天经常去那里作短途旅行。海斯特尔巴赫修士是个神秘的修士，他迷路了，但他会在一千年后回来，然后会发现这一千年时光的流逝对他来说仿佛只过了一天而已。这种时间的缩短，尽管显然不是感性知觉问题，却也构成了至少是我的意识的非常重要的部分，即便它们不是胡塞尔的意识的重要部分。以这样的方式，我经历过种种经验，诸如与安徒生（Hans Christian Andersen）

在他的一个童话故事里站在未知世界的边缘,望着北方无穷无尽的神秘地平线时所引起的焦虑或陶醉,或者当我望见莱茵河上过往的汽船及船上的夜晚宴乐时,感觉到人生中的喜庆乐章,等等。这些经验类型构成意识;这才是一个人具有的真正意识,除非有人坚持说,我的童年完全不同于人类历史上其他孩子的童年。这些对各种实在领域的参与的经验构成世界中的存在之视野。重点在于对多重实在(reality in the plural)的经验,[98]这个多重实在向一切经验敞开,并使它们保持平衡。这就是我所理解的哲学家的态度,这就是我在一切伟大哲学家的自由存在中发现的态度,这些伟大哲学家当时已引起我的注意。在我看来,恢复实在的这一敞开性,是哲学的主要任务。

对经验的分析需要一套专业词汇。幸运的是,我并不需要东拼西凑,而是从别的哲学家那里逐渐学到了这套词汇,他们早已探索过同样的过程,而且已经找到了许多术语,借助这些术语,他们已能够表明经验探索中的分析性步骤。我发现,意识的核心是参与的经验,从而意味着与自己以外的实在相交往的生命实在(the reality of being in contact with reality outside myself)。以参与为核心问题的认识,因芝加哥大学东方研究所的成员在神人同质性(consubstantiality)的范畴下对神话所作的分析而得到了验证,这个范畴是法兰克福氏夫妇(Henri and Henriette A. Frankfort)提出的,或许是取自列维-布留尔(Lucien Levy-Bruhl)。如果人不能与他所经验的实在同质,就不能经验到这实在。在哲学家们当中,我从威廉·詹姆士(William James)的极端经验主义(the Radical Empiricism)中找到了重要的确证。詹姆士的研究论文《"意识"存在吗?》

("Does 'Consciousness' Exist?", 1904），当时令我震撼，现在依然令我震撼，我认为它是 20 世纪最重要的一份哲学文献。詹姆士触及了参与意识的问题，因为他所称为纯粹经验（pure experience）的，乃是某种能够置于主体的意识之流的脉络中，又能够置于外部世界客体的脉络中的东西。詹姆士的这一根本洞见，把存在于参与的主体和客体之间的某种东西等同于经验。后来我发现，同一类型的分析，柏拉图在一个更大规模上已经做过了，而且得出了他的 metaxy——间际（the In-Between）的概念。经验既不在主体中，也不在客体世界中，而是在间际，这意味着在人和他经验的实在的两极之间。

经验的间际属性，对于理解神性临在的种种运动（movements of divine presence）所引起的回应而言尤其重要。因为对这些运动的经验恰恰不在人的意识流中［99］——以内在化意义来理解的人，而是在神和人的间际中（in the In-Between of the divine and the human）。经验是神和人之临在的实在，仅在它已发生之后，他才能够被安放于人的意识，或在启示的名义下被安放于神的脉络。许多困扰哲学史的问题，现在变得清楚了，它们是威廉·詹姆士意义上的纯粹经验之两极的实体（hypostases），或柏拉图意义上的间际（metaxy）经验。我用"实体"一词，是指如下的错误假设，即参与经验的两极是在经验发生时构造一种神秘交往的自足实体。神秘当然是存在的，但即便是神秘也可以通过如下方式被清晰地经验到，就是强调参与性的经验实在是意识的场所，并把经验的两极理解为这个实在的两极，而不是两个本身自足的实体。这样一来，经验到的实在这个问题就变成了参与性实在之流的问题，在这参与性实在之流中，就人类意识而言，实在开始对它自身变得澄明。因此对我而言，"意识"一词就不再是指对人的意识之外的实在有知觉的人类意识，而必定是指参与性的纯粹经验的间际实在，它因而能够以分析的方法，通过诸如间际（metaxy）中经验性紧张的两极、经验性紧张的实在等术语来描述。我越来越多使用"意识的澄明"（luminosity of consciousness）一语，是想用来强调经验的这一间际性质，以反对那种内在化的人类意识语言，这种人类意识作为一个主体，与经验的客体相对立。

对意识的间际属性及其澄明——不是主观意识的澄明，而是从两极进入经验的实在的澄明——的这种理解，更进一步导向对符号问题的更清楚的理解：符号（symbols）是由参与性经验所生成的语言现象。用来表达一种经验的语言符号，并不是内在化的人类意识的发明，而是在参与过程自身中生成的。因此，语言亦分享意识的间际属性。符号既不是一种用来表示意识之外的实在的、人类约定的信号，[100] 也并非像某些神学构筑中所说，是通常以接受者能理解的语言来传达的上帝的话语；毋宁说，符号是因神和人的相遇而生成的，因此既参与神性实在，亦参与人性实在。至少在当时，这在我看来是那个困扰各种符号主义哲学家的问题的最佳提法——这个问题是，符号并不只是表示超越意识之外的一个神性实在，某种意义上还是显现中的神性实在本身。但是，对于这一参与性的符号话语哲学，我自己恐怕还没有完全弄清它的细节。

19 秩序与失序

[101] 人们经常问"秩序"与"失序"在我的分析中是什么意思。有关秩序的实在并不是我的发现。我谈的实在中的秩序,是早在人类有文字记载以来就已发现的秩序,现在时间还要更往前,因为我们开始熟悉由考古学家所发现的符号,它们可追溯到旧石器时代的古迹中。"秩序"意指经验到的实在结构,以及人与一个并非他所制作的秩序——即宇宙秩序——相协调。我说过,这些对于实在结构以及调节或协调问题的洞见,远在公元前三千年埃及的文献资料中就已出现。关于失序经验的文字表达,同样可以追溯到公元前三千年的埃及,比如当日常经验是对街头杀戮的失序的经验时,在关于宇宙秩序的极端怀疑论中的那些表达——例如在《一个自杀者与其灵魂的对话》(*Dialogue of a Suicide with His Soul*)中那样;我在《不朽:经验与符号》(*Immortality: Experience and Symbol*)中分析过这个对话。① 在

---

① 最早发表于 1967 年;《全集》第 12 卷,第 3 章重印。

这类对社会和宇宙之失序的经验中，秩序被缩减至个人之一身，而且即使在个人身上或许也看不到秩序；这些经验产生了某些极端的异化状态，其中死亡也许看上去像是离开牢狱的解脱，或像从生命的致死疾病中康复。自公元前三千年以降，这些关于异化的基本符号话语，实际上并没有什么改变。

然而，对这些失序经验的范畴化很晚才出现。据我所知，异化（allotriosis）的概念［102］最早由廊下派创造，后来被普罗提诺广泛地使用。在廊下派的精神病理学（psychopathology）中，异化意指人与其自我相疏离的状态，就是离开了那个由趋向存在之神性根基的紧张所构成的自我。由于存在的神性根基在古典哲学和廊下派哲学中是逻各斯（logos）或这个世界的秩序之源，人与这一定序力量所构成的自我相疏离，就是在存在中与理性相疏离。那么结果就是，人会运用自己毕竟具有的理性来为自己在异化状态中的存在辩护。廊下派早已把异化的精神病理学推进到了这一步！

廊下派的这些范畴可用于理解现代的意识形态现象，在现代意识形态中，异化状态，而不是朝向神性根基的紧张中的存在状态，被用来作为理解实在的经验基础。诸如黑格尔等思想家们的体系是对异化状态的体系化；这些体系不可避免地会得出上帝死了的结论，这并非因为上帝死了，而是因为在"自我显现的反叛"中，神圣理性遭到了拒斥。人若不背叛理性，就无法背叛上帝，反之亦然。这些对实在的解释乃是基于一种扭曲的存在，这个存在不再向神性根基之实在敞开，因此不得不从任何有关实在的考虑中剔除对神性根基的经验，它们导致了许多典型的现象。

这类现象中最重要者当然就是"体系"的建构。体系是一个显然属于现代的现象,尽管它的现代性已经被一种意见的氛围搞得模糊不清了,在这种意见氛围中,体系被理所当然地视为哲学思维的模式,以至于非体系的哲学思考的现实已被遮蔽。人们不假思索地以断然的口气谈论柏拉图的体系,或亚里士多德的体系,或托马斯的体系,全然不顾这些思想家会对如下想法嗤之以鼻,即认为他们对实在的经验考察会形成一个体系。对于像柏拉图这样懂得区分对存在之经验和对非存在之经验,而且对二者都了然于胸的思想家而言,最清楚的事情莫过于,实在无论如何都不是一个体系。所以人若要建构一个体系,就不可避免地要伪造实在。关于现代政治,一个重要的探究对象就是一系列的［103］系统所伪造的现象,因为它们是造成当前情况下的失序的一个非常重要的因素。但是这些探究当然遇到了强大的抵制,因为恰恰是那些致力于这些探究的人,作为一个群体,首先得把他们自己的体系化思想视为对实在的伪造而加以摒弃。他们当然并不愿意这样做。然而,包括政治史和精神思想现象史方面的历史知识日益扩大,其压力与日俱增,以至于人们可以合理地预言,体系化者及其对实在的失序性伪造,时日已经不多了。

20 《秩序与历史》的背景

［104］我的《政治观念史》开始于习以为常的假定，即存在着观念，观念有一个历史，一部政治观念的历史应该研究从古到今的政治现象。在这个假定下，我虚心地研究材料，最终得到了一部数千页的手稿。①

然而，在研究过程中产生的诸多疑虑，现在已明确地体现为我的如下理解：构造政治观念史是一件毫无意义的事情，与科学的当前状况并不相容。观念终归是一种第二层的概念发展，这种发展始于廊下派，在中世纪盛期得以加强，自18世纪以后彻底蔓延开来。观念把表达经验的符号转化为概念——概念被认为指称一个实在，而不是指称被经验到的实在。但这个实在，而非被经验到的实在，并不存在。因此，观念很容易扭曲有关经验的真理及经验的符号化。

哪些地方会导致疑虑是显而易见的。首先，公元前7世

---

① 《政治观念史》现已收于《全集》第19-26卷。

纪至公元前 4 世纪的所谓希腊哲学家的观念，与以色列先知书及《新约》启示作品的内容之间并不存在连续性。这两种符号化体系触及经验的不同领域，并非历史性地相关联。此外，人们越是往前追溯通常的观念起源，就会越明显地看到，诸如神话、启示之类的符号话语（symbolisms），无论怎么讲也不能归为"观念"一类。[105] 我们必须承认有多种符号话语。例如，一份赫西俄德式的神谱绝不是亚里士多德意义上的哲学，尽管以神话和哲学来表达的实在之结构是相同的——亚里士多德已经看到这种结构的同一性。问题不断出现，我试图通过诸如"紧致的"或"初始的宇宙/秩序经验"（compact or primary experience of the cosmos）和"分殊化"（differentialtions）等概念，表述有关希腊古典、以色列和早期基督教意义上的生存真理的问题。为了描述意识史中从紧致到分殊化的真理的重大转变，我当时使用了"存在中的飞跃"（leap in being）一语，"飞跃"（leap）一词，取自基尔克果（Kierkegaard）的 Sprung。

这样，我的兴趣的焦点就从观念转移到实在的经验，这些经验为了表达自身，会生成各种符号。这并不是说，观念的问题现在完全消失了。问题当然还存在，但我只是逐渐地才发现问题之所在。比如，这些年中很重要的一点逐渐变得清晰：那就是要理解到，原初的经验—符号化一旦转变成为学说，将不可避免地导致对存在的扭曲——如果与被经验到实在的交往已经丧失，而使用在原初经验中所生成的语言符号已堕落为一种多少有点空洞的游戏。这种扭曲的一些明显的情况，我发现得相当晚，直到 1950 和 1960 年代才发现。比如说，我以前并不清楚，metaphysics［形而上学］一词并不是希腊词，而是阿拉伯人对亚里士多德的希腊语书名 meta ta physica［物理学之后］的一种扭曲；托马斯从阿拉伯人那里吸取了这个词，用在他的《亚里士多德〈形而上学〉注》的引言中。这是最早在西方语言中使用这个词，从此以后，就出现了一门奇怪的科学，被称为形而上学。因此，启蒙运动和早期实证主义思想家们对这种教条化形而上学的不那么有根据的批判，全然没有触及古典哲学的问题。古典哲学在当时并不是众所周知；在今天人们依然对它所知甚少，因为形而上学这一滥调已成为一个魔术般的词语，借此人们可以障蔽一切古典意义上的哲学分析。

我不得不放弃把"观念"作为历史研究的对象，而把对实在的经验——个人的、社会的、历史的、宇宙的——确立为［106］必须予以历史地考察的实在。然而，对这些经验的考察只能通过考察它们的符号表达来进行。对题材的确定，以及由于题材的关系而对考察时所用方法的确定，导致了如下原则，这是我晚年所有作品的基础：经验的实在是自我解释性的（the reality of experience is self-interpretive）。拥有经验的人会通过符号来表达经验，所以符号乃是理解所表达之经验的关键。认为埃及祭司，比如说写了《孟菲斯神学》（*Theology of Menphis*）的人，或美索不达米亚祭司，比如说制作了《苏美尔王表》（*The Sumerian King List*）的人，不能够清晰表达他们的经验，因为他们所面对的问题与伏尔泰、孔德或黑格尔所面对的问题完全不同，这样的假设毫无道理。在一个不断推进的分殊化过程中，那作为实在被经验到的和被符号化的，是历史的本体。我的《政治观念史》的研究并非徒劳无益，因为它使我熟悉了历史文献。但现在，有必要从经验和符号化的角度重新组织材料。因此，我放弃了《政治观念史》的项目，开始致力于《秩序与历史》的写作。

我当时认为，《秩序与历史》应该始于美索不达米亚和埃及的各个帝国及其关于个人和社会秩序的宇宙论符号化。正是在这个宇宙论的、帝国式的符号话语的背景中，产生了以色列启示这个突破（breakthough）。然后，与这些犹太的灵性先知并没有连续性，而是独立地在希腊哲学家那里，发生了知性思维的爆发（outburst）。对基督时代以前的近东和以色列经验的研究，构成《秩序与历史》卷一的内容，对从宇宙论起源到知性分殊化的对应的希腊经验的述评，构成《秩序与历史》卷二、卷三的内容。根据原先的计划，接下来要研究的是帝国，中世纪的帝国主义和唯灵论，以及它们在现代的发展。

然而，这个计划终究是不可实现的。计划中相当多的内容实际上已经写出来了，但整部作品因为篇幅的问题而中断。我总是陷入这个问题，[107] 就是为了达到理论性的表述，我首先必须摆出作为分析之结果的理论性表述所基于的材料。如果我继续这个项目，前三卷的内容就会不止像原计划那样再写，而是大概六七卷之多。对于造成某些理论性识见的材料，普通读者并不熟悉，所以若不摆出材料，就不可能陈述理论性的识见。

所以，我决定进行一些专门的研究，主要涉及早期基督教的某些问题，神话—思辨形式的历史发生学，从历史发生学思辨到历史编纂的转变，希罗多德、珀律比俄斯和中国史家所提出的天下（ecumene）问题，某些现代的理论问题，诸如黑格尔的体系构筑中包含的魔术，等等。就这些专门的研究发表两卷作品，更快捷地获致理论性的结果，而不是发表充斥着材料之讨论的多卷作品，似乎更为合理。尤其是鉴于这些年来，我在1940和1950年代所看到的问题，其他人也已经看到了，而且对于许多问题的历史研究已取得了巨大的进步，诸如灵知主义、死海古卷、纳格汉马迪经籍、托名狄奥尼索斯的前史、文艺复兴时期新柏拉图主义的复活及其对后来到黑格尔以前的西方思想发展的影响，等等，所以现在我可以参考许多学者对材料所进行的研究——在1940和1950年代，当我最初提出《秩序与历史》的构想时，这些材料还没有公诸于众。我想强调刚才提到的这种发展，因为它在我开始我的研究时无法预知。我们今天生活在人类历史上绝无仅有的、一个历史和哲学科学不断进步的时代。

事实上，由于历史科学的这种迅速发展，尤其是史前史和考古学领域的迅速发展，我开始写作《秩序与历史》时所基于的许多理论假设已经变得过时。当我写作《秩序与历史》卷一时，我的视野仍局限于近东诸帝国。我把我在那里发现的宇宙论的符号话语等同于［108］美索不达米亚和埃及的帝国符号话语。基于我们新增的史前史和考古学的知识，我现在可以说，实际上古代近东出现的一切符号都有一个史前史，即穿过新石器时代回到旧石器时代，即近东诸帝国以前大约两万年的时期。这就产生了如何把宇宙论符号话语这个普遍问题与其具体的帝国变种拆开的新问题；上溯至石器时代的部落层面上的宇宙论符号话语，必须加以分析；然后因帝国之创建而出现的"种差"（differentia specifica），比如埃及的例子，亦必须加以辨识。我已搜集了这方面的材料,我希望有朝一日可以发表我的创见。

科学中的另一个巨大进展,过去数十年来一直在进步,晚近因始于1966年的放射性碳元素测定法的重新校准,获得了关键性的技术支持。由于近东、中国、印度和希腊等地在时间顺序上的平行发展,单线史观早已经摇摇欲坠,如今要是可以测定出许多寺庙文化,比如说马耳他的寺庙文化,实际时间早于埃及金字塔时代,单线史观就彻底崩溃了。在美索不达米亚和埃及地区的那些帝国文明以前,有许多独立的新石器文明。这一性质的创见越来越多,所以现在就可以确定无疑地说,旧有的单线史观,尽管在孔多塞、孔德、黑格尔的蹩脚模仿者那里依然主宰着庸人层次,但确定无疑已过时了。人类历史已变得多元化,因为不断分殊化的发展广为扩散。这个领域具有多元性的特征。一个想象中的抽象"人类"的进步,或者说普遍进展,已分解成在各个时间节点上、在许多具体的人类和社会中独立发生的五花八门的分殊性的行为。

这些新的历史视角,并没有排除由文化传播引起文明进展的可能性,但是这个问题必须回溯到更早的时代。[109] 正如亨策(Carl Hentze)有一次谈话时对我说的,如果经验的清晰表达出来的历史往前追溯有五万年之久,那么在这段时间内,任何事情都有可能发生;以文化比照的方式在公元前三千年以后的所谓历史时代中能够发现的东西,必须放在这样的时间跨度中,以及放在更宏大的人类社会交往的背景中来审视。举个例子,我们现在已有关于波利尼西亚人的文化、艺术和神话的优秀研究文献。人们有时没有意识到的事实是,波利尼西亚人并不是从波利尼西亚岛屿上冒出来的，而是从亚洲大陆迁移到那里的。其迁移几乎不可能始于公元前8世纪以前。因此，我们今天所谓的波利尼西亚人的在此以前的部落发展，与导致了中国文明之兴起的其他的部落发展，属于同一个文化区。因此毫不奇怪，正如亨策所言，许多源自波利尼西亚人的装饰，与商代瓶器上的装饰具有极有趣的相似之处。

然而，科学在我们时代的辉煌进展，不应该诱使我们轻率地期待意识形态及其社会效力就会消亡。科学与意识形态之间的分歧将长期存在。事实上，某些意识形态信条之提出，与当时已众所周知的通常的历史事实可能会相违背，对于意识形态的思想家们尤其如此。我们不应该期待通过科学而得以拓展的历史知识，能够让我们时代的意识形态追随者的面貌有所改观。不过，这最后几句话不应该理解为是在表达一种深切的悲观主义。那种悲观主义曾是18世纪的情绪，在今天多少已是不合时宜了。

21 教学生涯

[110] 除了尽我所能努力参与科学的实际研究以外，我还当了五十年的教师。我的教学经历始于中学。由于我们是穷人，我需要通过辅导别的中学生来挣一些最低需求的零花钱，那些学生有比较富裕的父母，但没有表现出与其物质充裕相称的智力和勤奋。这种工作持续到我中学毕业。进入大学后，我非常幸运地在东方商会（Handels-Vereinigung-Ost）找到了一份志愿者助理的工作，这是一家由于第一次世界大战期间中欧列强占领乌克兰而出现的企业。我辅导过的一个学生是维也纳商会秘书长的儿子，在他的关照下，我获得了这份工作，尽管报酬微薄，但终究使我能够继续我的学业。后来我很快就和大学里的教授们在课堂上认识了，这使得我能够在维也纳人民之家成人大学（Volkshochschule Wien Volksheim）获得一个教课的职位，薪水非常少。这个院校是由维也纳市的社会党政府资助的一个成人教育项目，学生来自工人阶层，是一些头脑较为清醒和勤奋的激进分子。我必须强调"头脑较为清醒"，因为

较不清醒的工人阶层，自然会被关照去上工会的培训课程。成人大学有点像是一所为工人和中低阶层的年轻人开办的大学。

在这个环境中，我学会了讨论和争辩。[111]接下这份工作时，我早已告别了1919年夏天那三个月的马克思主义，现在我面对这些相当激进的社会党人，其中多数人或许甚至是毫无保留的共产主义者。由于我要教的课是政治科学和观念史，因此随即就发生了激烈的争辩，在这些争辩中，我不能屈服，也不能丧失我的权威。这期间，我和这些年轻的激进分子建立了一种持久的良好关系，1927年从美国和法国回来后，我又继续从事这类工作，直到1938年我被国家社会主义党人撤职。尽管这些年轻的马克思主义者与我想成为一个以科学为取向的学者的最初尝试之间存在着冲突，但我们的私人关系却再好不过。晚上九点钟讲授和讨论课结束后，一群人总是会去附近无数咖啡馆中的一家，聚在一起继续讨论。我依然记得1930年代的一个情景，当时，一场激烈的争辩导致了彼此的分歧，这些年轻小伙子当中的一个，比我年轻不了多少，因为争论甚至眼泪都要掉下来。

说到这件小事，或许正好可以讲另外一个故事，这个故事体现了奥地利的社会氛围。1934年社会民主党暴动后，某些党内领袖遭到逮捕和监禁，监禁的时间不是很长。但是他们当中的一个人，大名鼎鼎的马克斯·阿德勒，他们的主要意识形态家，却没有被捕。这对于他的自尊心是一个严重的打击，因为这就等于政府表明了众所周知的事——他是一个政治上完全不重要的人物。马克斯·阿德勒的几个朋友，他们究竟也是我在法学院的同事，有一次问我，能否通过我与另一方的同样良好的关系帮点小忙，好让他也被拘押一小段时间，这样他就不至于那么伤心和垂头丧气了。我还真的和一个同事谈过，他是一名政府高官，同时在维也纳大学教行政法。我问他，政府能否在人身保护条款允许的情况下，把阿德勒至少拘押48个钟头，然后把他放了。我们谈了这个问题，他十分殷勤有礼，他说他非常理解阿德勒的处境，[112]由于阿德勒也是他在法学院的同事，所以他愿意尽一切可能为他提供方便，但是他恐怕爱莫能助。如果阿德勒被拘押，政府本身就会显得很荒唐，因为谁都知道，阿德勒乃无足轻重之辈。他实在帮不上他的忙。

我同这些青年激进分子的良好关系一直持续到纳粹时期。这种关系在1930年代甚至变得更加热烈，因为人人都知道，如果说我不是一个共产主义分子，那我更不是一个国家社会主义党人。当占领的打击来临时，我设法以推荐信帮助这些激进分子中的某些人逃到了更安全的地区，比如说瑞典。然而，在维也纳大学，就是我从1929年起开始以编外讲师的身份教书的地方，我与学生们的关系却充满了紧张，因为这些学生来自中产阶级家庭，他们不是工人，头脑比较活跃的那些人在很大程度上受到泛滥于中产阶级的德国民族主义的影响以及反犹主义的影响。我们之间并没有公开的冲突，但是关系并不亲密。当1938年国家社会主义党人最终占领奥地利时，我观察到我以前的行政法讨论课上的相当多的学生，穿上了党卫军的黑色制服。

说到与不同于年轻的工人激进分子的中欧学生们相处的真实经历，我只能谈一下1958到1969年我在慕尼黑当教授的那些岁月。因为我接到任命去慕尼黑大学组建一个此前尚不存在的政治科学研究所,所以首先需要有几个助理来帮忙建设一个图书馆,并照看涌进讲授课和研讨班的大量学生。自此,许多完全空置的房间被书架和架上的图书填满,政治科学研究所日渐壮大,直到我于1969年离开那里。一批学生逐渐成长起来,他们自己也成了教育那些被政治科学吸引的其他学生的师资力量。这11年可谓硕果累累。首先,建起了一个实体性的研究所,研究所有第一流的图书馆——馆藏汇集了历史科学的最新成果,不仅有德文写的,[113]还有英文和法文写的。我们特别注重对于理解西方文化而言至关重要的领域,亦即古典哲学、犹太教和基督教;现代史和现代政治观念史的部分需要尽可能迅速地更新文献;史前史、古代近东、中国、印度、非洲等领域的新发展,以及最新的考古发现,都需要留意。图书馆开始名声大噪,并被来自其他领域的年轻学者广泛利用,因为就当时关于人和社会的科学的发展而言,这里是最优秀的通用型图书馆。

年轻人也非常出色,我们开始出版代表研究所的专著。这些系列中最重要的是《政治与历史论丛》(*Schrigtenteihe zur Politik und Geschichte*),由慕尼黑的李斯特书社(the List Verlag)出版,现在出了十几册。就涵盖的领域和问题而言,我想提到韦伯-舍费尔(Peter Weber-Schaefer)论中国人的天下观、奥皮茨(Peter J. Opitz)论老子、冯·西韦尔斯(Peter von Sivers)论伊本-赫尔东(Ibn-Khaldun)的政治理论的作品。还有许多主要探讨18和19世纪西方思想史的研究专著,诸如亨宁森(Manfred Henningsen)论汤因比的《历史研究》(*A Study of History*),瑙曼(Michael Naumann)论克劳斯，科尔贝格（Echard Kolberg）论拉萨尔（LaSalle），赫维希（Hedda Herwig）论弗洛伊德和荣格，沙贝特（Tilo Schabert）论法国18世纪的自然和革命的符号话语，赫维希（Dagmar Herwig）论穆西尔（Robert Musil）。桑多兹（Ellis Sandoz）教授论陀思妥耶夫斯基的作品（1971年出版）也属于这些年的成果，该书最初是他在慕尼黑大学写的博士论文。① 这十年期间，最早进入研究所的那批人开始变得成熟和独立。其中的三人，奥皮茨、亨宁森和格布哈特（Jürgen Gebhart），成了非常活跃的编辑，主编了一套简装丛书《政治思想史》（Geschichte des politischen Denkens），这套丛书现在出了大约11册。奥皮茨还主编了一部关于19世纪中叶到共产主义运动时期中国革命的论文集。后入研究所的几个其他领域的人也作出了有趣的新研究。我应该提到冯东（Klaus Vondung）和他的 [114] 书《魔术和操纵》（Magie und Manipulation）。一开始追随我研究的年轻一代当中年龄较大的几个人，现在自己也当教授或者快要当教授了，这个团体及其作品已成为德国学术界的一股独特的力量——尽管我无法断言，这个特殊的团体及其势力会博得左派还是右派的意识形态家的欢心。

　　经常有人问及我对于欧洲和美国学生之差异的经验。确实有显著的差异，但并不具有本质性的差异，以至我可以讲孰优孰劣。他们各有特点。在德国人身上，我发现有一种十分高

---

① Ellis Sandoz,《政治启示录：陀思妥耶夫斯基〈宗教大法官〉研究》(Political Apocalypse: A Study of Dostoevsky's Grand Inquisitor, 2nd ed., Wilmington, Del.: Intercollegiate Studies Institute Books, 2000).

水准的背景知识,很有利于他们进行独立的科学研究。我招收进入我的讨论课的那些人,尤其是成为助教以及自己开设讨论课的人,都懂得至少一门古典语言,而且当然能够流畅地阅读德文、法文和英文。其中有些人还懂他们各自领域的语言。比如,按照大学的规定,伊斯兰教专家必须懂阿拉伯语和土耳其语;研究远东事务的学者除了懂西方语言外,还要懂汉语和日语。这造就了一个教养良好、头脑清醒的年轻人的团体,他们在有关许多问题的竞争性争论的激烈竞赛方面无疑能够互相帮助。当然,他们最喜欢的一个游戏,就是挑出我的某些技术性错误,但很不幸,我很少给他们提供这种乐趣。

美国学生属于另一种非常不同的类型。在路易斯安那,学生具有天主教教区学校提供的相当良好的文化背景。我课上的学生有的懂拉丁文,而且去听路易斯安那州立大学的天主教神父讲的托马斯哲学课程。这当然很有益。一般的学生,我得说,并不具备人们以为欧洲学生会具有的那种背景知识,但他们身上有某种东西,是欧洲学生尤其是德国学生通常所缺乏的,就是一种常识文化的传统。特别是在美国南方,年轻人中的意识形态败坏这个问题几乎可以忽略不计。学生们思想开放,很少接触意识形态的派系运动。我在东部的经历就不是那么愉快了。[115]东海岸的意识形态败坏已深刻地影响了学生们的心灵,有时候这些学生会表现出带有极权主义攻击性的行为特征。许多学生完全不能容忍与他们的意识形态偏见相左的信息。我与这类学生相处经常会遇到困难。不过,总的来说,即便所谓的激进学生,由于没有顽固不化的好斗分子,也是可以用海量的信息来把他们摆平的。他们依然有足够的常识使他们可以意识到，他们自己的观念与周围的现实必然有某种关系；如果让他们弄清楚他们关于现实的图画极度扭曲，那么他们虽然不会轻易回心转意，但至少会开始重新思考。德国的激进学生就不一样了，有人若想付出任何认真的努力，把与他们的成见无法相容的事实引入讨论，他们就会开始起哄和闹事。

在路易斯安那的那些年里，我和妻子获得了美国公民身份。有一个有趣的细节。司法部负责办理移民手续，发布过一本书，上面列举了可能被问到的主要问题和应该作出的回答。我注意到，尽管有罗斯福和二战，司法部还是非常保守的——美国的政体是共和制，如果你说是民主制，那你就错了。我相信这些问答册现在已经改写了。

说到我在路易斯安那州立大学的教职，我从副教授晋升到了终身正教授，最后成了首批三名"博伊德讲席教授"之一。另一位"博伊德讲席教授"是威廉姆斯（T. Harry Williams）。大学当局设立这些讲席教授职位，是为了给他们希望留任的一些学者支付更高的薪水。尽管如此，1950年代下半段，当慕尼黑大学向我提供教授席位时，我还是没有拒绝。这有几个原因。第一，在那边我可以组建我自己的研究所和培养年轻学者来继续我已开始的工作。第二，当时慕尼黑的薪水高于路易斯安那的薪水。第三，像史学家、哲学家登普夫（Alois Dempf）这样的老朋友们，为了把我弄到慕尼黑，出了很大的力，我当然没有理由拒绝进入这个志同道合的智识［116］和精神环境。此外，美国民主的精神，是德国需要的好东西。

关于这最后的一个方面，一开始有点困难，因为德国学生不习惯像美国学生那样畅所欲言。即使那些已成为助教的人，也必须大力鞭策，才能使他们具有一种独立的态度，这完全不同于在数不清的例子中老派德国教授手下的助教所处的那种从属地位。在我看来，研究所有一个并非微不足道的吸引人之处是，经过我言传身教的那群年轻人，他们在行为方面显然有别于慕尼黑大学的其他研究所里所喜欢的行为类型。然而我认为，总的来说，在德国政治科学中注入一种国际意识和民主态度这种想法，除了我得以亲自培养的那个弟子圈以外，并没有取得很大的成功。正如我后来在关于德国大学的讲座（1966；英文版，1985）中分析这个情况时所说，国家社会主义的破坏性无比巨大。那种可称为大学上等阶层的事物完全被摧毁了，其中部分是通过实际的谋杀，以至于我1929年在海德堡见过的那类教授已完全绝迹，也没有留下由他们所培养的下一代。然而，大学的中下层却躲过了暴力，他们现在左右着德国大学的大环境，这个环境既平庸又狭隘。国家社会主义的后果，人们可以从当前德国大学的毁灭中感觉到，毁灭由来自下层的乌合之众的入侵造成，大学的人事部门对这种入侵不能提供任何有效的抵抗，因为在大学里，大学者的权威已随着大学者本身的绝迹而消失。所以我认为总体前景是十分黯淡的。

我说前景黯淡，意思是大学的有效运转，尤其是在社会科学和人文科学领域，实际上由于众所周知的民主化，特别是由于参与型的民主，已遭到广泛破坏，这实际上意味着不容许任何人安心搞他的研究。[117]我听说在马堡等地也有类似的情况。慕尼黑的情况倒还好，在这方面没有受到太大影响。其中一个原因是，我在那里的研究所不大涉及意识形态问题。我喜欢强调这一点是因为，人们时常低估了一个教授可能具有的影响,这种影响靠的不是他对身边人的颐指气使,而是在他的课堂和讨论班上教育出两三个年级的学生,后来他们成为反对不同立场的一种有效的宣传力量。当然了,这种力量会逐渐消失——如果不能保持一种积极奋发的心态的话,或者由于迅速增加职员,以至于研究所被没有能力在争辩中恰当地抵制激进学生的庸人所占据,从而变得不起作用。

22　为何搞哲学？为了重新捕获实在！

[118] 我的工作动力——这种动力在历史哲学领域达到顶点——很简单。这些动力源自政治情境。任何一个有学问和反思精神的人，生活在第一次世界大战后的20世纪，都会像我一样，发现自己被意识形态语言的洪水从四面八方包围，如果不说是压迫的话。意识形态语言是指许多的语言符号，它们伪装成概念，而实际上是未经分析的论题（topoi）。此外，任何人若处于这种支配性的意见氛围，都不得不面对语言作为一个社会现象的问题。他不能把意识形态语言的使用者变成讨论伙伴，而必须把他们当作研究对象。那些支配性意识形态的代表者们并没有一种共同的语言。因此，为了批判这些意识形态语言的使用者，首先必须发现——或者在必要的情况下确立——他自己想使用的共同语言。

刚才描述的独特情境并不是哲学家在历史上头一次面临的命运。在历史上，语言不止一次地遭到滥用和败坏，以至于语言不再能用来表达存在的真理。比如说，弗朗西斯·培根爵士（Sir Francis Bacon）撰写《新工具》（*Novum Organum*）时所面临的情境就是如此。培根把他那个时代流行的未经分析的话题归于"偶像"（idols）之列：洞穴偶像，市场偶像，虚假的理论思辨偶像。为了抵抗偶像——亦即丧失了与实在之关联的语言符号——的支配，人们必须重新发现〔119〕实在之经验以及能准确表达实在之经验的语言。这种情境今天并无不同。为了认识到这个问题的连续性，人们只需想到索尔仁尼琴（Alexander Solzhenitsyn）的《癌病房》（*Cancer Ward*）关于"市场偶像"那一章（第31章）。为了捍卫他自己的存在中的"理性"之真，索尔仁尼琴不得不借助于培根和他的偶像概念。我乐于提到索尔仁尼琴的案例，因为他对这个问题的意识，以及他在引用培根时所体现出的作为一个哲学家的能力，毫无疑问是一种典范，这种典范如果得到追随，就会从根本上改变我们大学院校的智识环境。美国的哲学家会发现，自己与主导性的社会科学环境的关系，跟索尔仁尼琴与苏联作家协会的关系非常类似。因此，尽管有诸如大众媒体、大学系所、基金会和商业出版社之类的体制的智识恐怖主义，西方总会有一些飞地，科学在那里得以继续甚至繁荣。

当前的情境与柏拉图开始写作时的情境相仿。通常对柏拉图的解释实际上遗忘了柏拉图的核心概念是二分法（dichotomic）。"哲学"（philosophy）一词并不是孤立的，而是从其对立面亦即盛行的"爱意见"（philodoxy）获得其含义的。正义问题不是以抽象的方式提出的，而是相对于正义的几种错误概念提出的，这些错误概念实际上反映了流行于当时环境中的不正义。"哲学家"本身这个角色也在与"智术师"角色的对立中获得其具体含义，后者是为了获得社会地位和物质利益致力于对实在发表浮词曲说的人。

这就是哲学家所处的情境，置身于其中，他必须在共同体里找到与他同类的人，就是理解现在和过去的人。尽管意识形态意见占据主导的氛围在所难免，但即使在我们的社会里，还是会有一大群学者，他们尚未丧失与实在的交往，还是会有一大群思想家，他们试图重新获得［120］这种有丧失之虞的交往。20世纪的一个典型现象是，富于灵性的人们从主导性的智识集团中突围出来，以找回已丧失的实在。已有许多的例子：在英国，是奥威尔（George Orwell）从他的智识环境里突围；在法国，是加缪从巴黎的智识环境中突围；在德国，是托马斯·曼（Thomas Mann）为了从魏玛时代和魏玛共和国的诸意识形态突围所进行的巨人般的努力，其顶峰是约瑟夫故事系列的引言中所体现出的那种伟大的历史哲学。

要重新取得与实在的交往，最重要的方法是求助于过去没有把实在丢失的思想家们，或者致力于重新找回实在的思想家们。从哪里开始这个问题经常是传记事件的问题。像加缪这样的人会诉诸神话，由于加缪在北非的教育和成长经历，神话与他关系至为密切。在托马斯·曼的作品中，我们也可以发现他同样是诉诸神话和以色列启示。在后一个例子中，人们还可以看到，当时对这种努力的支持来自何处，比如来自托马斯·曼和卡尔·凯雷尼（Karl Kerényi）之间的关系。一般来讲，我们社会中的实在之储备，可以从如下的科学中找到：它们探讨对于实在的完整无损的经验和符号化，即使这些科学本身已由于意识形态环境的影响而受到了严重损害。

就我个人的经验来说，这样的领域是古典哲学与像弗里德兰德（Paul Friedländer）、耶格尔（Werner Jäger）、多兹（E. R. Dodds）和斯内尔（Bruno Snell）等古典哲学研究者的作品。另外一个这样的领域是教父和经院哲学，以及像吉尔松和吕巴克等当代代表人物的作品。第三个领域是古代近东史。我已指出，我所受到的影响来自芝加哥大学东方研究所以及这三十年间古代史研究的巨大进展。还有一个领域是比较宗教：我已提到我受到研究灵知主义的学者的影响，通常是研究早期比较宗教的学者，像埃利亚德（Mircea Eliade）、普埃奇和魁斯佩尔。最近还有关于早期符号话语的研究，时间可往前追溯到石器时代。

有时我会谈到这个奇怪的社会现象，［121］就是我们的大学里像这样的学者寥若晨星：对于这些学者而言，对石器时代的符号话语、新石器文明、古代文明或古代中国文明、古代印度文明的考察，是重新获得精神根基的手段，这种精神根基在我们的大学和教会的主导层面找不到。刚才勾勒出的这个社会问题至今尚未有什么研究，但我从自己的经历中可以证明它的重要性。我还是学生的时候，身处新康德主义方法论的智识氛围。在维也纳的纯粹法理论的圈子里，哲学家是指把自己的方法论建立在康德的基础之上的人；历史学家是指阅读康德之前所写的著作的人。因此，我对古典哲学的兴趣，在当时已经显得很扎眼，被我的同事们说成是历史兴趣，而且是一种试图逃避新康德主义思想家们所代表的真正哲学的企图。重建一个包括昔日的伟大思想家们作为其成员的社会，这个问题不可避免地使人想起马基雅维利的一封著名的书信（1513年12月10

日），他在信中向他的朋友韦托里（Francesco Vettori）描述了他在圣卡西亚诺的不稳定的农村社会中如何过着从事卑微职业的日常生活，然后当黄昏来临时，又是如何披上节日盛装，进入他的书斋，在古人的陪伴下进行温文儒雅的交流对话。

重新捕获实在，反对当代对实在的扭曲，需要进行大量的工作。首先，必须重新建立关于存在、经验、意识和实在的基本范畴。与此同时，必须考察充斥着日常生活的种种扭曲的技术和结构；必须提出许多概念，借之可以对存在上的扭曲及其符号表达予以分门别类。因此，进行这一工作，不仅需要反对那些扭曲的意识形态，还需要反对思想家对实在的扭曲——他们本应该成为它的维护者的，比如说神学家。

在寻找穿越腐败语言的迷宫、通向实在及对实在的准确语言表达的道路的具体努力中，出现了许多确定的规则，它们并不总是符合我们当代知识分子的喜好。从方法上讲，我的作品首要的或许也是最重要的规则，就是回到那些生成符号的经验。如今，任何语言符号 [122] 都不能单纯地被当作一个真实的符号来接受，因为语言败坏得非常厉害，以至于一切事物都是可疑的。在这个努力的过程中，我发现我不得不把"哲学"视为古典哲人创造的一个符号来考察其含义，其含义需要根据文本来确定。然后，像这个符号在时间中所经历的种种意义改变，必须与原始的意义联系起来，小心地加以确定。因为只有根据这种比较研究，才能够判断意义的改变是合理的（因为它把原始意义中所没有包含的实在的许多方面纳入了考虑），或者意义的改变是不合理的（因为为了建构一个新的、有缺陷的概念，实在的许多要素被排除了）。

这一分析性研究的规则经常激起知识分子的反对，我在讨论中遇到过，因为他们坚持他们有权赋予词语以任何他们想要的含义。这样一条标准的存在受到他们激烈的反对，该标准基于如下历史事实：词语并非一门语言中俯拾皆是的东西，而是思想家们在拥有经验时为了表达经验而创造出来的。他们奉行一种我称之为"蛋形人"的语言哲学：确定词语的含义是在某种意义上实施知识分子的权力，绝不能受到任何批评。

对于扭曲过程的理解，不少帮助来自许多伟大的奥地利小说家对这个过程的研究，尤其是居特斯洛（Albert Paris Gütersloh）、穆西尔和冯·多德勒尔（Heimito von Doderer）。他们造了"第二实在"（second reality）一语，用以表示当人类存在于一种异化状态中时所创造的关于实在的意象。这种异化状态的首要特征，就是为第二实在的想象性建构而不是为经验之实在所支持的状态，乃是多德勒尔称为"拒绝觉悟"（Apperzeptionsverweigerung）的东西。这个概念出现在他的小说《恶魔》（Die Dämonen）中，我始终觉得有趣的是，他是在讨论某种性心理错乱（sexual aberration）时提出这个概念的。"拒绝觉悟"的概念在关于肥胖女士（Die dicken Damen）那一章的引言中正式提出，她们是他笔下一个主人公所喜欢的人。

在我而言，"拒绝觉悟"成了理解意识形态之种种错乱和扭曲的核心概念。[123]它表现于各种现象，其中历史上最有趣的现象是孔德等人禁止别人提问。如果任何人通过提出关于神性根基的问题来质疑他们的意识形态学说，孔德会告诉他说，他不应该问无聊的问题（questions oiseuses）。还有些人面对别人的同类质疑时，也许会简单地让别人住口，"不要思考，不要问我"（Denke nicht，frage mich nicht）。

　　这种不允许对他们的前提提问的态度——这种质疑会立即把他们的体系摧毁——是意识形态家们在讨论中常用的一般策略。比如说，与黑格尔主义者的无数谈话中，我总是会走到这一步，就是我不得不质疑黑格尔思辨之基础当中的异化存在的前提。我提出这种质疑时，相关的黑格尔主义者会告诉我，我不理解黑格尔，只有毫不怀疑地接受黑格尔的那些前提，才能够理解黑格尔。如果可以把禁止提问理解为一切意识形态争辩的核心策略，那么我们就获得了一个用来诊断意识形态的重要标准：这种诊断的目的是要确定，为了使一个虚假的体系之建构成为可能，实在的哪个部分被排除了。被排除的实在可能相当多样，但总是需要被排除的一项就是人对趋向其存在的神性根基的紧张的经验。

　　一旦认识到，对存在之紧张的意识，是某些人把自己的异化状态强加于一切人时必须排除的关键经验，对这一紧张的意识的问题就进入了哲学思想的核心。理解古典和基督教哲学，理解意识形态对存在的扭曲，必须以对意识的全面充分的理解为前提。那或许被谓之为"现代意识观"的东西的特色，是以对外部实在之对象的感官知觉为模式建构意识。这一把意识模式局限于外部实在之对象的做法，或多或少是19世纪那些体系建构的隐蔽手法。甚至在黑格尔的核心部分，在《精神现象学》（Phenomenology）中，[124] 人们也可以发现，他是从感官知觉开始，并以此为基础发展出所有高级的意识结构。这种情况引人注目，因为黑格尔是历史哲学方面最伟大的行家之一；他当然知道，古典哲人的作品中所显示的初始的意识经验与感官知觉无关，而是牵涉对结构的经验（比如说数学的结构），以及对转向存在之神性根基的经验，这种转向的原因是这一根基所发出的吸引力。我毫不怀疑，一个拥有黑格尔的历史知识的人，会为了搭建一个表达他的异化状态的体系，故意忽略对意识的直接经验，并代之以高度抽象的、在历史上非常晚近的对外部实在之对象的感官知觉模式。在黑格尔的书中，我找不到任何一段话说明黑格尔反思过他的智识欺骗的技巧。

如果对外部世界对象的经验被绝对化为整个的意识结构，一切与神性实在相关的精神现象和智识现象就自然而然地遭到遮蔽。然而，由于无法把它们完全排除——因为它们毕竟是人性的历史——所以必须把它们扭曲成关于某个超越性实在的许多命题。对哲学家和先知的符号的这种命题式的扭曲，是人类历史上的一个重要现象。它在经院哲学中已经高度发达，并在笛卡尔那里向现代形而上学的过渡中进一步得到强化，后来被意识形态思想家们作为一种第二义的正统而延续下来。命题式的形而上学是对哲学的扭曲，在教条性的意识形态中一直得以延续，我认为这是我的一个较为重要的发现。

一旦认识到这个问题，接下来的问题就是：为什么人类会沉溺于命题式形而上学的游戏，以及一个又一个的命题式意识形态的正统呢？是什么经验上的动机，导致16世纪以降的那些重大的教条战争（dogmatomachies）现在已持续了四百多年，而没有返回到前教条时代那种经验到洞见的现实？

这个问题引出了异化问题——亦即［125］这样一种存在之状态：它在符号之被扭曲成教条中表达其自身。这当然不是新问题。这种扭曲开始于古典时代，一旦城邦神话由于已产生了符号化进程的社会的诸帝国的破坏而成了一具空壳，这种扭曲就开始了。在帝国的征服之后，由于廊下派以及他们对存在上的失序的观察，开始出现了对异化的理解，这种理解体现在"异化"（allotriosis）一词的发明中。廊下派中人本身是训练有素的哲学家，对异化现象有非常清晰的理解。如果哲学家的存在是觉知人之本性的存在，人之本性是由人之趋向神性根基的紧张所构成，如果这种觉知在于通过柏拉图式的转向（periagoge）——转向神性根基——来实现的存在实践中，那么异化就是转离这一根基，转向一个被想象成人的自我，而不是通过与神之临在（divine presence）的关系来建构的自我。因此，转向神性根基，亦即古典的"转身"（epistrophe），在廊下派的"转离"（apostrophe）——转离根基——概念所描述的人类存在状态中得到了补充。转向及转离根基，成为用来描述人类存在中的秩序和失序状态的两个基本范畴。

廊下派关于存在之结构的这些基本观察，与前面提到的现代人关于"拒绝觉悟"的观察完全一致。转离的意思是指拒绝把对于神性根基的经验作为人之实在的构成要素来领悟。这种对根本的实在经验的故意转离，被廊下派诊断为心灵的一种疾病。关于存在之扭曲——就是因转离根基从而背离人之真正自我而造成的扭曲——的科学，成了精神病理学的核心，甚至到了文艺复兴以后在很大程度上仍旧是核心。

到了20世纪，这个问题再度凸显出来，因为，我们时代大规模的精神和智识的扭曲现象，已再次吸引人们注意到根本性的"转离"行为。人们先是找到了形形色色次要症状中的失序的原因，诸如毫无节制地沉溺于各种激情。如今人们又在存在心理学（the existential psychology）中再次发现，在这些次要现象背后，是根本性的［126］"转离"问题——人之背离他的人性。

刚才描写的这个重新发现，并不是现代特有的现象。我们可以在古典希腊时代观察到这个现象，当时修昔底德以希波克拉底学派的医学术语来表达的社会病理学的观察，成为柏拉图和亚里士多德得以发现存在秩序的基础。今天的情况亦非常相似，经过了两百年对存在的严重扭曲以后，这个现象开始被认为是病态现象；随着它被认为是病态现象，明智的、良序的存在的问题也就再次引起人们关注。

23 历史哲学

[127] 这种种的发展影响到历史哲学问题。历史哲学作为一个领域，往前最早可追溯到18世纪。从它在18世纪出现以后，它就与一种想象的历史建构相联系，进行这种建构的目的在于把建构者与其个人的异化状态解释为先前一切历史的顶峰。直到非常晚近的时代，历史哲学一直确凿无疑地与从一种异化立场出发对历史的错误建构相关联，在孔多塞、孔德、黑格尔等人那里都是这样。这种刻板的历史建构，作为从一个异化的存在之立场上对实在的一种巨大伪造，在20世纪行将土崩瓦解。一旦对存在的扭曲——正是这种扭曲导致了意识形态体系的建构——为人们所认识，关于未被扭曲的人之存在的诸范畴就会成为标准，扭曲的存在和体系必须借这些标准来加以评判。因此，随着人们反思人类在存在的秩序与失序之间的紧张，意识形态体系本身和其他事物一道，成了历史现象。有许多有秩序的时代，后来是解体时代，再后来是迷失方向的人类对实在的错误建构。针对这种解体、迷失方向和错误观念，会

产生反向运动，在反向运动中，对丰富的实在的意识又得以恢复。

根据这种关于秩序和失序的看法，可以把所谓的现代性的某些方面解释为一种扭曲了的存在的表达。在同样的意义上，修昔底德在《伯罗奔半岛战争志》(History of the Peloponnesian War)中把这一战争过程及战前历史描述为一种社会的骚乱(kinesis)——［128］一种解体和失序的剧烈运动。然而这并不意味着，当这种运动正在进行时，即在修昔底德考察的那个时代，或自18世纪以来的现代骚乱中，只有剧烈的失序主导着舞台。尽管无可否认，贬义的"现代性"是现代的一个特性，然而与此同时，也存在着对现代性的抗拒，以及重新获得那已丧失或已被扭曲的实在的努力。无论谁想建构"现代性"(modernity)这个概念，都必须涵盖两个方面，一是异化了的人类（意识形态思想家们）为了自己的高升而对实在进行的破坏(the destruction of reality)，一是哲学家和学者们的反向运动，这在我们的时代以历史科学的辉煌进展为顶峰，它显示出那些依然占据世界舞台的意识形态构筑的荒诞可笑。人们如今可以发现，一方面，许多美国史学家站在一种马克思主义的立场上来重写冷战史，他们正在进行一场大规模的修正主义运动；另一方面，像雷蒙·阿隆(Raymond Aron)这样的学者则激烈批评这种活动。

如果用存在之秩序与失序这些概念来处理日益累积的历史材料，许多确凿无疑的结构性的意义线索就会浮现出来，当然始终应该承认，这些线索需要根据不断进展的历史知识来加以修正。这种重要的结果之一是对"天下时代"(Ecumenic Age)

的描写，它被纳入即将出版的《秩序与历史》卷四。① "天下时代"的意思是指人类历史上的这样一个时代：大致从琐罗亚斯德时代和阿契美尼德开始征服起，直到罗马帝国结束。正是在这个时代，对实在的宇宙论的理解明确无疑地被一种新的理解所取代，这种理解集中体现在透过希腊哲学和基督教的启示经验对存在真理的分殊化。从地理上讲，天下时代包括西方世界的波斯以及其后希腊罗马的发达，以及与之相并行的远东文明特别是中国的天下意识的发达。这个时代的面相之一[129]已经通过轴心时代（Axis-time）的概念得到把握，在轴心时代，公元前500年前后，赫拉克利特、佛陀和孔子同时在世。这个天下时代的另一个面相是那种为它赋予了名称的现象——即波斯人、亚历山大、罗马人、印度的孔雀王朝和中国的秦汉王朝所进行的帝国扩张。到公元前200年时，我们已不再置身于一个无数部落社会或狭小城邦所构成的世界，而是置身于几个从大西洋延伸到太平洋的天下帝国中。我已经谈到了一种天下意识，它的意思是，大一统事务的行动者与其同时代人把这些事务解释为对他们所谓的"天下"（ecumene）的发现和征服，就像希罗多德、珀律比俄斯或中国的早期史家司马谈、司马迁那样。"天下"这个符号成了这个时代的观念动力（idée-force），对天下的征服——统治当时生息在世上的人类，成为此后的一个根本性的历史动力，尽管这样一种对天下的——如今必须是对全球的——统治在实践中从未获得实现。因此，天下时代必须以三个更引人注目的现象来描述：（1）精

---

① 1974年出版，题为《天下时代》，《全集》第17卷。

神上的突破，雅斯贝尔斯曾专注于此；（2）帝国的贪欲性的爆发，这始终吸引着史学家的眼光；（3）历史编纂的肇兴，在历史编纂中，帝国的毁灭性扩张造成的失序会与已确立的秩序相比较，而已确立的秩序会通过对存在秩序的最新分殊化的理解来衡量。

这个精神突破、帝国贪欲和历史编纂的三元结构，刻画出人类历史中一个时期的特质。在我看来，必须以这个三元结构取代其他的历史构筑——即便是非意识形态的构筑。比如说汤因比早年的假设认为，文明是历史研究的终极单位，但面对由波斯人、亚历山大带领下的希腊人、罗马人所创建的多元文明帝国，面对当帝国扩张的冲动遭遇各种阻碍时诸帝国瓦解为种族性的次级单位，他很难再坚持认为文明是终极单位。此外，为了得出作为终极单位的"文明"概念，汤因比不得不从［130］帝国的建立——他认为这是诸文明单位在某种解体性的过渡期之前的最后一个阶段——往前回顾来建构出许多文明单位。事实上，那些在"天下帝国"（ecumenic empires）中达到极致的"文明"，在帝国扩张之前并不存在。像中国历史之连续性这样的东西当然存在，亦即从周代到汉以及汉以后的帝国时代的连续性，但是从帝国的试炼（imperial ordeal）中出现的中国文明，绝不是公元前8世纪进入中国文明的那些部落社会的麇集；而从希腊人和罗马人的帝国的扩张中所出现的希腊—罗马社会，也绝不是柏拉图的雅典或共和国早期的罗马。文明社会并不是历史的终极单位，而是非常不幸的、残忍的历史过程的产物。我并不认为，我们可以以帝国中出现的、抱有天下意识的分殊化（就算在现实政治中它们必须限制自己的雄心）的文明社会，去理解先前参与这一过程的那些社会。

因此可以说，天下时代是人类历史上的这样一个时代：从中出现许多新的社会，在这些社会中，其他因素——而不是帝国征服的动力——开始变得有效。当希腊—罗马帝国崩溃，变成了拜占庭帝国，当西方拉丁帝国崩溃，变成近东和北非的一个新的不断扩张的伊斯兰帝国时，还妄称希腊—罗马文明依然在持续，这是毫无道理的。已经崛起的，是基于新的移民运动、文化融合和扩张而出现的许多新的社会单位，它们接管了天下时代所创造的帝国形式；为了获得正当性，它们吸纳了教条化的精神突破作为它们的政治神学。天下帝国及其动荡之后是正统帝国（orthodox empires）——无论是在儒教中国或印度教的印度、伊斯兰教帝国、希腊东正教帝国，抑或拉丁西方的正教帝国。这些新的帝国文明作为文明社会，绝不等同于由天下帝国所统治的那些社会，总的来讲，它们一直持续到所谓现代时期所发生的新一波的动荡和混乱。

然而，这些对于人类历史上的可辨识的结构的观察，现在没必要也转变为教条。[131]一旦诸如西方对异教古代的重新发现，以及同时发生的自然科学的扩张等重大现象，使得人的意识向过去一直被帝国确立的正统所遮蔽的实在领域敞开，帝国就面临解体之虞。因此，在这个意义上，所谓现代，就意味着帝国正统被一种新的实在意识所打破。然而，这种新的意识，亦有可能且事实上已经退化为一个正统，这次是一种进步主义意识形态类型的正统，因为新的实在意识已经从正统帝国时代那里接管了把符号扭曲为教条的任务。现代的扭曲可以描述为一套关于异化的正统教义，它把最重要的实在领域——人与神性根基的关系——拒绝于意识之外。这种对实在的新的限制，当然不会比那些作为正统帝国时代之标志的限制更加持久，因为实在之压力不可能永远被抑制。

然而，把存在秩序从公共意识中排除，这在有的情况下是借助政府权力来进行的，并不是瓦解当代意识形态霸权的唯一因素。我们所面临的问题，与早期的天下帝国和后来的正统帝国的创建者们所面临的问题相同，亦即如下事实：人类具有族群和文化的多样化（the ethnic and cultural diversification）这种东西。比如说，我们所谓的罗马帝国无疑不是罗马人的。罗马帝国的核心深处，是罗马共和国中的帝国扩张，但是为了把意大利那些部落社会组织起来，这个共和国不得不超越它自身的界限，尤其当它征服了绝不属于意大利的文化—族群单位的其他人民，并引起他们的抵抗时，就更是如此。罗马帝国的解体大致沿着族群—文化的路线进行。尽管许多帝国在扩张和维持自身的过程中，犯下了不遗余力毁灭别的社会和文化的重罪，但是人类的族群—文化的多样性依然是一个重要因素。比如说，难以想象，在非俄罗斯人占人口总数50%以上的多元族群文化的情况下，苏维埃帝国会永远维持其当前的形式。美国也在较小规模上面临着同样的问题，构成美国人民的族群移民尚未完全被纳入一个单一的［132］文明，许多族群的日益增强的文化自觉或许会在相当程度上改变美国社会，这种文化自觉经过一百年就可以发挥其全部效力。而最明显的例子，就是著名的"并不存在的"欧洲的例子，这里的问题是，为数甚多的显著的、具有自我意识的族群文化，虽然都产生于西方的基督教正统帝国，但是至今尚未融合成一个与它们所脱离的基督教统治系统不相上下的新的文明单位。因此，事情的终结尚未来临，哲学家对于理解一个正在进行的过程所能贡献的，就是去理解导致刚才提到的那类整合和解体的诸种因素。

24　真理的范围、恒常、遮蔽和等值

　　[133] 在每一种历史哲学里都有一个根本的问题，就是贯穿于紧致性及向分殊化变迁这个过程中被经验到的实在的恒常性。所谓的原始人所经验到的实在，与现代人所经验到的实在并无不同。新石器时代和现代之间发生的事是分殊化。意识到这个问题并对其结构作出陈述的第一个思想家是亚里士多德，具体体现在《形而上学》前两卷。他认为他对实在的哲学分析，分析的是先前通过神话来表达自身经验的"神学化"思想家们所经验的同一个实在。尤其是，他提到赫西俄德和荷马。当这些以前的思想家通过乌拉诺斯和盖亚的神话来表达他们对于存在之起源的经验时，他们是在寻找存在的神性根基（divine ground of being），亚里士多德自己也在寻找同一个事物，并将其标识为"努斯"（Nous）。"爱神话者"（philomythos）在他看来有点类似于"爱智慧者"（philosophos）。亚里士多德在晚年开始喜欢依赖于神话，并把神话视为智慧的源泉，因为神话有时比哲学家所分殊的实

在结构更为圆融。他在各种紧致性（compactness）和分殊化（differentiation）的层面上来理解经验与符号化之间的关系，我已把这一关系纳入"等值"（equivalence）的概念。"等值"的意思是指，各种分殊化层面上被经验到和被符号化的实在，具有可识别的同一性。①

［134］这一见识的最重要的后果，是对历史中某些过程的理解。当一个新的分殊化过程发生时，新近被清晰表达的那个实在领域，将被理解为具有特殊重要性的领域；在发现的喜悦中对其重要性的过高估计，有可能导致对实在的其他领域的忽略，这些领域包含于先前较为紧致的经验中，而如今受到忽略。最重要的忽略发生于现代时期，随着新近分殊化的自然科学而出现。在认知外部世界上具有效验的理性模型，已在某种程度上变成唯一的理性模型，以至于古典理性的那些从存在上讲最基本的方面——构成人之为人的本性的那些方面——遭到了忽略，时至20世纪才在"存在主义"的名目下被重新发现。而存在主义与其说是要阐明存在中的理性结构，不如说是会遮蔽它。要重新发现存在秩序困难重重，这迫使雅斯贝尔斯抛弃了他在早年作品中喜欢使用的存在语言，而回归理性（Vernunft）的语言，当时他已意识到存在主义的脱轨，尤其是在萨特那里。然而，萨特并非唯一的特例。

对实在的忽略和遮蔽的一个显著例子随基督教的产生而

---

① 参看《经验的等价物与历史中的符号化》（Equivalences of Experience and Symbolization in History, 1970），收入《全集》第12卷，第5章。

出现。我们归因于基督和保罗的灵性分殊化，在启示的名义下成为基督教思想的中心。由于启示（就是灵性意识的分殊化）必须是某种全新的东西，构成历史中的一个纪元，因此在人类早期思想中以紧致的形式呈现的那个灵性层面，就遭到忽略甚至否定。基督教学说认定，人的理性是自然的，其本身是知识的一个来源；除了这个自然理性之外，这个世上还有一个新的、超自然的知识来源——启示。这样就完全忽略了一个事实，即当希腊思想家们发现努斯（Nous）是存在的根基时，他们非常清楚地意识到他们已获得一个启示。甚至在今天，古典哲学的这个神显（theophanic）的核心实际上还是不为人知，这都是因为基督教的自然理性学说对它的遮蔽。因此，对于希腊哲学家的启示与以色列—基督教的启示相并行的现象，其研究相当匮乏，尽管如下事实本应该激起人们的兴趣："先知"一词来自［135］希腊诗人的语言，这些诗人知道自己是诸神的信使，正如以色列的先知是诸神的代言人（nabi）。

一旦认识到在不同层面的紧致性上呈现的启示，当然就可以提出一套术语，以适当的言辞来谈论那些平行的现象了。无论希腊哲学的知性语境还是以色列基督教启示的灵性语境中的神启事件和神启经验，我们都可以谈论。一旦认识到这个平行性，就可以进而考察某个柏拉图的知性神启与某个保罗的灵性神启之间的差异。这种考察将大大有利于对哲学家经验之结构的理解，但也会迫使分析家确定，基督教的灵性分殊化的内容——也就是那超出柏拉图和亚里士多德的知性分殊化的东西，究竟是什么。这项任务从来没有人去承担；这个问题被自然理性和启示的语言遮蔽了。

当然，这个问题并非完全在基督教思想家的视野之外。像托马斯·阿奎那这样的优秀人物十分清楚这个问题。他知道，如果说基督将成为全人类的首领，那么他更应该是基督教会成员的首领。因此，托马斯明确提出，基督实际上是从创世到世界末日的一切人的首领。可以说，托马斯是个真正的人文主义者，他知道基督来到世上是为每一个人，他不仅仅是为基督徒，或者仅仅是为神学家而来。当然，托马斯的洞见引出了许多问题，据我所知，还没有哪个基督教思想家敢触碰这些问题：基督如何能具体地成为比如说巴比伦人或城邦时代的希腊人的首领，他的道的临在如何能在巴比伦人或埃及人的经验和符号化中表达自身？这向真正对史料感兴趣的历史哲学家展开了一个广阔的领域。

在古代史、符号史、神话史、比较宗教等领域的研究成果中，这个问题当然以一种半自觉的方式有所呈现，因为我们对所有这些材料的兴趣，乃是出自我们对这些早期符号中的神之临在的关切。[136]这些材料的历史研究者们几乎依然不敢坦承他们的研究动机，不敢把他们的动机说成是对于分殊化过程的一种关切。这个过程在天下时代里，在通过哲学、基督教和使徒的那些纪元性的意识分殊化中达到了顶峰。

25 意识、神之临在和神秘哲学家

［137］对天下时代这个关键时期的研究，将不得不面对一件事实，即分殊化过程是在人的心灵中进行的。一旦意识，或者用希腊的术语说就是"人心"（psyche of man），被理解为这个过程的场所（the site of the process），对神之临在的符号化就必然从宇宙诸神转到作为神之临在场所的人心，在道成肉身这个基督教的符号中，有对这个经验的最彻底的表达。

当意识作为历史上的分殊化过程中的神—人相协（divine-human cooperation）的场所而对其自身变得澄明时，万物的终结就绝不会像相信这一伟大事件的许多同时代人所以为的那样到来。会取消此世之结构的基督再临并没有发生，尽管这是保罗和早期基督徒所期待的。相反，发生了某种全然不同的事情。那些表达了对心、心之意识、心之知性和灵性结构的经验的符号，被视为从历史过程中浮现出来的真理符号化，这种历史过程一方面是此世中的一个过程，另一方面也是一个神启的过程。符号总体而言占有第二义的见识的地位；在这第二义的见识之外，还有一种对于人之朝向神性根基的紧张的理解，无法通过此世中任何的真理符号化来恰当地表达。就超出这一知性和灵性的神之临在的符号化之外的某个经验层次而言，进一步对它的言说，就是在托名狄奥尼索斯以后被称为 [138] 神秘主义的东西。这个层次，早在公元 5 世纪新柏拉图主义影响下的基督教思想家们对之加以清楚的言说之前，就已经呈现出来。甚至柏拉图也已清晰地认识到人与某个神性实在之间的关系，这个神性实在超出了以造物主（Demiurge）的符号，或作为历史上继克罗诺斯和宙斯后的第三位神的努斯的符号所表达出来的启示。神秘主义，可理解为对实在中的一个层次的意识，这个层次在结构上超出历史性的神启之实在，甚至超出基督的神启之实在，早在我们有文字记载的历史以来就可以看到它的雏形。比如说，西方和印度的神秘主义之间惊人的平行发展，鲁道夫·奥托（Rudolf Otto）已在他的《东西方的神秘主义》（*Mysticism East and West*）中作了研究。

自中世纪以降，神秘主义在西方历史上开始具有相当重要的意义，彼时，真理的教条式表达的局限性开始清晰可见，尤其是由于托马斯·阿奎那的著作。在阿奎那以后的几代人中，神学思辨开始分裂为奥卡姆的唯名论和埃克哈特的神秘主义。自此以降，唯名论和神秘主义的信仰成为西方思想史的两大分支。教义的唯名论（the nominalism of a dogma）——这种教义已脱离了经验，因而不能通过诉诸经验来加以控制——已经变成西方公共领域中占主导地位的形式，因为从 8 世纪开始，它已被选定为意识形态化的智识形式。在这种情境下，当多个教条的变种开始相互斗争时，神秘主义就一而再、再而三地受到哲学家们关切。16世纪的法国发生了八次宗教内战，博丹认为，各种神学真理之间的斗争只能通过如下理解来平息：即，一切与神秘主义的识见相关的教条真理都只具有次要的意义。他希望他的主权者亦即法国国王，即便不成为神秘主义者，至少也要接受像他这样的神秘主义者的劝谏，以便超然立于教条战争（dogmatomachy）之上。我在1930年代初期对博丹作品的仔细研究，使我最早真正懂得了神秘主义在一个社会失序时代中的作用。我依然记得，博丹的《致让·勃特鲁书》（*Lettre à Jean Bautru*）是〔139〕对我本人的思想最有影响的重要文献之一。时至20世纪，教条战争已不再是神学宗派之间的战争，而是意识形态宗派之间的战争，亨利·柏格森在他的《道德和宗教的两个来源》中，再次达致对这个问题的一种相似的理解。我不知道，柏格森作为一个神秘主义者是否与博丹旗鼓相当，但在我看来，对于理解精神失序时代的秩序而言，这两位法国唯灵论者堪称代表性的人物。

26　革命、开放社会和院校

　　[140] 就存在秩序的制度化实现而言，美国社会与西方世界的其他民族社会比起来，似乎具有某些优势。但我首先必须承认，在这个问题上我有偏见，因为毕竟，我为了生存不得不逃离中欧的政治环境，并受到美国的友善接纳。这当然就造成了偏见。不过，我希望以下观察没有蒙上太多的偏见色彩。

　　首先需要考虑的是西方革命的问题。奥斯瓦尔德·斯宾格勒认为，1789年以前发生的那些革命——意指英国革命和美国革命——是一种保守型的革命，保留了西方文明的文化结构。在他看来，法国大革命开启了西方文化的毁灭运动。这些提法多少有点抽象，不过可以通过更具体的见闻来详加说明。美国的那种革命显然区别于法国革命或俄国革命，也区别于德国的国家社会主义者的革命，事实在于它能够成功地开创一个开放社会，这个过程所需的暴力微乎其微。在法国和德国的知识分子中可以看到对美国的很大仇恨，原因就在于这个成功：

这样一种革命原本就不该成功,因为这些知识分子希望按照法国那种对文化秩序予以毁灭的传统,发动他们自己的革命。法国的革命[141]造反运动以理性的名义或至高存在的名义仇视基督教秩序,这一秩序在18世纪的法国很不幸地由教会和教士们代表,但这种仇恨在美国并没有对应物。在美国,我们发现一个基于革命传统的社会,而这个革命传统并非由私人性的、反基督的仇恨所激起。不过,欧洲影响的浪潮还是到达了美国;我们的知识分子深受如下思潮的影响,那就是欧洲尤其是法国式的智识主义,最近则是德国的黑格尔主义、马克思主义以及俄国式的马克思主义。

这些影响与美国的传统相冲突。当代的精神动荡,就是著名的"社会分裂"(divided society),大多是由于吸收了法国和德国型的不完全革命,这类革命与成功的美国革命正好相反。必须认识到,很大一部分美国知识分子是反美国的,即使他们自己否认这一点;这样的反美主义跟存在于欧洲知识分子中的反美主义是同一回事。① 然而,这种反美论,除了某些露骨的外围运动之外,绝不是一种严肃的共产主义——就我所知,个中原因不过是,最狂热的"自由派"知识分子,除了少数学者以外,没有文化素养去阅读像黑格尔或马克思这种境界的思想家。我们看到的不是一种共产主义运动,甚至不是一种马克思主义运动,因为马克思所设想的那些问题远远超出了他们的理解范围。即便是这一庸俗形式的运动,仍然是社会

---

① 参看 Jean-François Revel,《反美主义》(*Anti-Americanism*,Diarmid Cammell 译,San Francisco: Encounter Books,2003)。

中的扰乱因素，以至于"极化"（polarization）语言已变得十分流行。考虑到美国社会的结构，我十分怀疑这种极化现象已经发生了。真正已经发生的是一种轻率的、多少有点无知的智识运动，它在不经意间已经走向极端而使自身脱离美国社会的现实，现在不得不为它在实践上的疏忽大意付出失败的代价。

美国这种脱离现实的极化，与当时欧洲并行的知识界的［142］进展具有一方面的相似性。著名的1968年巴黎骚乱，不过表明了革命形势并不存在。雷蒙·阿隆十分正确地看到了问题的所在，他分析这些事件的书——这个分析使他很不讨人喜欢——拟定题目为《找不到的革命》(*La Révolution introuvable*)。这种毕竟可以激起和制造相当的公共噪音且脱离现实的极化运动之所以成为可能，不过是因为美国社会深受许多迟迟得不到解决的社会问题的困扰。最突出的是黑人及其地位的问题。由于美国历史上的移民潮和奴隶制，以及许多在种族和族群上可识别的团体，下等阶层的不可避免的地位染上了一种不幸的色彩，因为下等阶层同时可识别为族群团体或种族团体。接下来是越战问题，或者说过去有过越战问题。为了国家的利益是否有必要卷入那场战争，仍可以商榷；但战争一旦开始，就必须把它进行到底，达到某种结局，因为要想结束一场战争不能只靠走出战争。越南战争的具体情况使美国政府面临许多难题，由于战事远离美国人民的具体经验，这些难题变得更为严重。事实上，战争到最后只能结束于对肉体毁灭的恐惧。越南人民被暴露于战争的毁灭面前，通过电视报道，美国人把毁灭理解成美国军队造成的毁灭。人们没有意识到，战争总有双方，一方造成毁灭，另一方则碰巧是毁灭的牺牲品。把德国城市炸成许多巨大的瓦砾场，以及对平民的大量杀伤，[143]例如在汉堡轰炸中据估计一夜就有四万多人伤亡，是心平气和地进行的。类似的毁灭，规模较小，在一个发展中国家进行，却引起了恐惧。这些恐惧正是由意识形态的宗派所引起的。

这一次，学术机构控制下的美国大众媒体的巨大权力变得昭然若揭。历史学家要理解美国社会中的某些趋势，需要看到一个最重要的事实，即通过大众媒体的宣传，是可以把黑说成白。著名的柬埔寨入侵之际也发生了类似的指鹿为马的事情。事实上，柬埔寨当时早已被一支北越军队入侵，但这个事实并没有阻止美国知识分子们把美国进入柬埔寨描述成一场美国侵略。知识分子所做的类似指鹿为马之事，还发生在著名的轰炸北越堤坝行动，或轰炸河内军事目标这些事件中，他们透过精心编织的谎言，描述这些轰炸如何是针对平民的地毯式轰炸。上面列举的例子，向历史学家们显示出美国社会的学术部门中的一个严重问题——亦即为了追求乌托邦主义的梦想而故意脱离现实，以及强烈的攻击性。鉴于这种知识分子的疾病并不局限于新闻记者和电视台记者，而是已深深地渗入学术界，并通过学术界渗入对年轻一代的教育，必须把这些趋势视为对民主政治的一种威胁，毕竟，民主政治需要有赖于全体人民不脱离现实。

没有什么是永恒的，当前的"极化"也会过去。然而在眼下，美国政府所进行的合理政治行为遭到严重削弱，因为与乌托邦幻想相冲突的政府行为实际上已变得不可能。因为知识分子已丧失与现实的接触，[144] 对美国人的行动范围的这种限制究竟会给这个国家带来多大的危险，仍需拭目以待。毫无疑问的是，我们今天面临着一种带有侵略性的、智识上不诚实的巨大的社会力量，这种力量已渗入学术界以及其他的社会部门，如果形势变得非常严峻，就需要以这种或那种方式对之加以纠正。

27 终末论与哲学：练习死亡

[145] 一旦实在的某些结构变得分殊化，并被提升为清晰的意识，它们就会在历史上展开自身的某种生命。哲学家及以色列先知和早期基督徒所达致的一个重要见识就是，实在中的运动趋向于一个超越其当前结构的状态。就个体的人类而言，这个运动显然只能通过个人的死亡而获得圆满。古典哲人的伟大发现是，人不是"必死者"，而是总在致力于一种趋向不朽的运动。"追求不朽"（athanatizein）作为哲学家之存在的本体，在柏拉图和亚里士多德身上都是一种至关重要的经验。同样，保罗的伟大经验和见识，也是实在超越其当前的死亡结构、进入一种不朽状态或永生（aphtharsia）状态的运动，这种状态由上帝的恩典而来。这种趋向一个超越当前结构的存在状态的运动，为生存秩序注入了更强的张力，因为生命要以这种方式度过才会走向不朽的状态。然而，并不是每个人都愿意使自己的生命符合这一运动。许多人梦想着在此生就有通往圆满的捷径。因此，一旦这个问题被认识到，梦想着实在转化为

在此世中的不朽的圆满,就变成了历史中的一个恒定因素。犹太教的启示思想家早已在期待,前后相继的诸帝国对以色列造成的灾难——他们是这些灾难的受害者——很快会因为 [146] 神的干涉而止息,神的干涉会带来荣耀状态以及诸帝国的终结。就连保罗也曾经期待在有生之年基督会第二次降临,只是受到许多基督信徒在第二次降临前死亡这一经验的影响,他才修正了这一梦想。

这种变形期待,即期待在有生之年一个新世界取代旧世界,向来是社会政治现实中的一个持久性的扰乱因素。这个运动曾经遭到主流教会的几乎成功的压制;至少各种启示论的期待都受到打压,变成了宗派性的边缘运动。但是,随着宗教改革的开始,这些边缘运动日益走向舞台中央;而以宗派主义的期待取代基督教的期待,并没有改变问题的结构。

一切历史哲学都必须考虑到,历史过程并不是一种内在的过程,而是在此世界与另一世界的实在的间际(the In-Between of this-worldly and other-worldly reality)之中运动。此外,历史过程的这种间际属性不是被经验为一个无限时间中的结构,而是被经验为一个运动,这个运动将在终末论的意义上终结于一个超越间际和超越时间的状态。任何历史哲学,除非承认历史过程的这一基本的终末论属性,否则就不能被视为对历史问题的严肃探究。

要理解终末论运动,就需要纠正古典哲学概念在许多解释者手里遭到的各种扭曲,这些解释者想让人性变成某种固定不变的实体(entity)。正如我上面提到的,古典哲人们非常清楚地意识到了终末论的问题。他们知道,他们是在致力于练习死亡，练习死亡意味着练习走向不朽。这一经验若扩展为一种对历史的理解，当然就使得把诸如人性这样的概念设立为实在中的恒定因素变得不可能。然而，这绝不意味着人性能够在历史中得到改造——理解问题的困难也在于此。在历史过程中，人性只不过由于其终末论的命运而变得愈加发光。然而，人性愈加发光的过程，尽管增进了人们对于人性及其问题的理解，却不会在此时此地的时空存在中改变人性。对终末论期待的意识，是存在中的一个定序因素；它使得如下理解变得可能：就是把人之存在理解为基督教意义上的客旅（viator），走向终末论圆满的漂泊者、朝圣者，但这一朝圣之旅仍然是朝圣者在此世中的前行。

人之本性的这个终末论的紧张，就其个人、社会和历史的维度而言，不只是哲学家笔下的一个理论见识问题，也是一个实践问题。正如我说过，柏拉图和亚里士多德非常明确地意识到，哲学行动是一个在此世中走向不朽的过程。这个行动并没有随柏拉图和亚里士多德而终结；[148] 它仍在继续，尽管在具体处境中，哲学家不得不应对他自身位置所具体面临的问题。如果说古典哲人们不得不应对因垂死的神话和活跃的智术师的野心所造成的难题，那么20世纪的哲学家则不得不同怀特海所谓的"舆论风气"作斗争。此外，他还必须在具体研究中吸收科学——自然科学和历史科学——的巨大成就，并联系这些成就来理解存在。考虑到在我们时代已经了解到的堆积如山的史料，这是一件相当艰巨的工作。

一幅全新的历史图画正在显现。对资料的概念式洞察是今日哲学家的任务；他的分析结果必须传达给公众，如果他正好在一所大学里当教授，则必须传达给学生。这些工作，亦即紧追问题、分析资料、传达结果，乃是哲学家借以参与终末论的历史运动和践行柏拉图—亚里士多德式的死亡练习的具体行动。

索 引

（阿拉伯数字为原英文版页码，在本书中用方括号［］标出）

Adler, Alfred 阿尔弗雷德·阿德勒 37
Adler, Max 马克斯·阿德勒 33, 111–112
Aftalion, Albert 阿尔贝·阿夫塔利翁 62
À la Recherche du temps perdu (Proust)《追忆似水年华》63
Alchemy 炼金术 65
Alexander the Great 亚历山大大帝 129
Alienation 异化 101–102, 122, 124–125, 127, 131
Allotriosis 异化 101–102, 125
Amor Dei 爱上帝 94
Amor sui 自爱 94
Amor-de-soi 自爱 94
Anamnesis（Voegelin）《记忆》（沃格林）64, 97
Andersen, Hans Christian 安徒生 97
Anti-Semitism 反犹主义 36, 112
Apocalypse of man 人类启示录 94
Apostrophe 转离 125–126
Apperzeptionsverweigerung 拒绝觉悟 122–123
Arendt, Hanna 汉娜·阿伦特 47
Aristotle 亚里士多德 34, 67, 76, 77, 105, 126, 133, 135, 145, 147
Aron, Raymond 雷蒙·阿隆 128, 142
Astrology 星相学 65

Augustine, Saint 圣奥古斯丁 67, 94

Austria 奥地利 32-33, 48, 53, 67-68, 70-72, 79-83, 111-112

Austrian Institut für Geschichtsforschung 奥地利历史研究所 31

Austrian School of Marginal Utility 奥地利边际效用学派 31

Authoritarian State（Voegelin）《论权威主义国家》（沃格林）69, 79-81

Averroës（Ibn Rushd）阿威罗伊 80

Axis-time 轴心时代 129

Bacon, Sir Francis 培根 118-119

Bakunin, Mikhail 巴枯宁 90

Balthasar, Hans Urs von 汉斯·乌尔斯·冯·巴尔塔萨 53, 92

Baumgarten, Eduard 爱德华·鲍姆加腾 40

Baur, Ferdinand Christian 斐迪南·克利斯提安·鲍尔 92-93

Bayazid I 巴耶塞特一世 64

Bennington College 本宁顿学院 84-85

Bergson, Henri 亨利·柏格森 63, 139

Bertram, Ernst 恩斯特·贝尔特拉姆 44

Beziehungslehre 关系理论 54

Biology 生物学 53-53, 66

Bloch, Ernst 恩斯特·布洛赫 72

Bloch, Mrs. Ernst 布洛赫夫人 72

Bodek, Hermann 赫尔曼·博德克 67

Bodin, Jean 让·博丹 64, 65, 138-139

Böhm-Bawber, Eugen 欧根·伯姆–鲍贝克 31

Böhme, Jakob 雅各布·伯麦 93

Brooks, Cleanth 柯林斯·布鲁克斯 86-87

Brunner, Otto 奥托·布鲁纳 32

Brunschvicg, Léon 莱昂·布伦斯维克 62

Buddha 佛陀 129

Camus, Albert 阿尔贝·加缪 75, 120

Cancer Ward（Solzhenitsyn）《癌病房》（索尔仁尼琴）119
Chicago Oriental Institute 芝加哥大学东方研究所 90，98，120
China 中国 91，109，113，129，130
Chou Dynasty 周王朝 91
Christianity 基督教 134–135
Christliche Gnosis, Die（Baur）《论基督教灵知主义》（鲍尔）92–93
"Cimetière Marin" 《海滨墓园》（瓦莱里）63
Civilizations 文明 129–130
Climate of opinion 舆论风气 148
Cohen, Hermann 赫尔曼·科恩 50
Cohn, Norman 诺曼·柯亨 93
Columbia University 哥伦比亚大学 52，56–58
Commentary on Aristotle's *Metaphysics*（Thomas Aquinas）《亚里士多德〈形而上学〉注》（托马斯·阿奎那）105
Commons, John R. 约翰·R·康芒斯 58，60
Common sense philosophy 常识哲学 56–57
Communism 共产主义 85，112，143，146
Communist Manifesto（Marx and Engels）《共产党宣言》（马克思、恩格斯）82，109
Comparative civilizational knowledge 比较文明知识 40–44，60
Comte, Auguste 奥古斯特·孔德 42，123，127
Condorcet, Marquis de 孔多塞 127
Confucius 孔子 91，129
Consciousness 意识 96–99，123–124，137–139
Consciousness of kind 同类意识 58
Constancy of reality 实在之恒常性 133
Consubstantiality 神人同质性 98
Critique of Pure Reason（Kant）《纯粹理性批判》（康德）50
Czechoslovakia 捷克斯洛伐克 70

Dämonen, Die（Doderer）《恶魔》（多德勒尔）122

Decline of the West（Spengler）《西方的没落》（斯宾格勒）42

De Descartes à Marcel Proust《从笛卡尔到普鲁斯特》（拉娄）63

Deformation 扭曲 118–125，127，131

Delegationszusammenhang 代表关系 48

Demiurge 造物主 138

Democracy 民主 69

Dempf，Alois 阿洛伊斯·登普夫 115

Deux sources de la morale et de la religion, Les（Bergson）《道德和宗教的两个来源》（柏格森）63，139

Dewey，John 约翰·杜威 56，57–58

Dialogue of a Suicide with His Soul《一个自杀者与其灵魂的对话》101

Dichter als Führer, Der（Kommerell）《作为领袖的诗人》（科默雷尔）44

Disorder 失序 101–102，127–128

Divine presence 神之临在 137–139

Dodds，E. R. 多兹 120

Doderer，Heimito von 海密托·冯·多德勒尔 113，122

Dogmatomachy 教条战争 139

Dollfuss，Engelbert 恩格尔贝特·陶尔斐斯 79

Dopsch，Alfons 阿尔方斯·多普施 31–32

Dostoevsky，Fyodor 陀思妥耶夫斯基 62，113

Dottrina del Fascismo（Mussolini）《法西斯主义学说》（墨索里尼）82

Dreimal Österreich（Schuschnigg）《我的奥地利》（舒施尼格）82

Duguit，Léon 莱昂·狄骥 63

Dvořák，Max 马克斯·德沃夏克 32

Eckhart，Meister 埃克哈特大师 138

"Eclipse of Reality"（Voegelin）《实在之遮蔽》（沃格林）75

Eclipse of Reality 实在之遮蔽 134–135

Ecumene 天下 129

Ecumenic age 天下时代 128–130

Ecumenic age（Voegelin）《天下时代》（沃格林）128–130

Edman, Irwin 欧文·埃德曼 56, 59
Edwards, Jonathan 乔纳森·爱德华兹 60
Egophanic revolt 自我显现的反叛 94, 102
Egypt 埃及 101
Einstein, Albert 爱因斯坦 37-38
Eliade, Mircea 米瑟亚·埃利亚德 120
Elliot, W. Y. Bill 比尔·艾略特 84
Empires 帝国 130-131
Engel-Janosi, Carlette 卡丽特·恩格尔-雅诺西 36
Engel-Janosi, Friedrich von 弗里德里希·冯·恩格尔-雅诺西 35-36
Engels, Friedrich 恩格斯 109
English language 英语 55, 86-87
English revolution 英国革命 140
Equivalence 等值 133
Ersatzform 替代形式 75
Eschatology 终末论 145-148
Essai sur les données immédiates de la conscience（Bergson）《论意识的直接材料》（柏格森）63
Essay Concerning Human Understanding（Locke）《人类理解论》（洛克）90
Existentialism 存在主义 134
Existential psychology 存在心理学 125-126
Experience 经验 90, 104-105, 121-122

Fackle, Die（Kraus）《火炬》（克劳斯）45, 46, 78
Faith 信仰 94-95, 138
Fascism 法西斯主义 68
Fichte, Johann Gottlieb 费希特 34, 51
Flaubert, Gustave 福楼拜 62, 63
France 法国 56, 62-65, 138, 140, 142
Frankfort, Henri 亨利·法兰克福 98

Frankfort, Henriette A. 亨丽埃特·A·法兰克福 98

French Revolution 法国大革命 140–141

Freud, Philip 菲利普·弗洛伊德 37

Freud, Sigmund 西格蒙德·弗洛伊德 32, 95, 113

Friedemann, Heinrich 海因里希·弗里德曼 44

Friedländer, Paul 保罗·弗里德兰德 44–45, 120

Fuerth, Herbert 赫伯特·菲尔特 35

Funktionentheorie 函数论 33

Furtwaengler, Philipp 菲利普·富特文格勒 33

Gaia 盖亚 133

Gebhart, Jürgen 于尔根·格布哈特 113

Geistkreis 精神共同体 34–36

Geltung 效用 37

Genetics 遗传学 52

George, Stefan 格奥尔格 44–45, 46

Geschichte des politischen Denkens《政治思想史》113

Gesinnungsethik 意图伦理 39

Gezweiung 精神共同体 54

Gilson, Étienne 艾蒂安·吉尔松 53, 120

Gnosticism 灵知主义 93–95

God 上帝 94, 102

Goethe（Gundolf）《歌德》（贡多尔夫）44

Greek philosophy 希腊哲学 134–135, 145, 147–148

Gruenberg, Carl 卡尔·格林贝格 32

Grundnorm 基本规范 48

Gundolf, Friedrich 弗里德里希·贡多尔夫 44

Gütersloh, Albert Paris 阿尔贝特·帕里斯·居特斯洛 113

Haberler, Gottfried von Haberler 戈特弗里德·冯·哈伯勒尔 34, 35, 71, 84

Hamilton, Sir William 威廉姆·汉密尔顿爵士 56–57

Harris, Robert, J. 罗伯特·J·哈里斯 86, 87-88
Hartmann, Heinz 海因茨·哈特曼 32
Harvard University 哈佛大学 56, 58, 71, 72, 84, 89
Hauriou, Maurice 莫里斯·奥里乌 80
Hayek, Friedrich August von 弗里德里希·奥古斯特·冯·哈耶克 34, 35
Hegel, G. W. F. 黑格尔 34, 75-77, 93, 94, 96, 102, 123-124, 127
Heidegger, Martin 马丁·海德格尔 57, 60-61
Heilman, Robert B. 罗伯特·B·海尔曼 86-87
Henningsen, Manfred 曼弗雷德·亨宁森 113
Hentze, Carl 卡尔·亨策 109
Heraclitus 赫拉克利特 129
Herodotus 希罗多德 129
Herwig, Dagmar 达格玛·赫维希 113
Herwig, Hedda 赫达·赫维希 113
Hildebrandt, Kurt 库尔特·希尔德布兰特 45
Hunduism 印度教 138
Historiography 历史编纂 129
History 历史学 107-109, 128
History of Antiquity（Meyer）《古代史》（迈尔）42
History of Caesar's Fame（Gundolf）《恺撒声誉的历史》（贡多尔夫）44
History of Political Ideas（Voegelin）《政治观念史》（沃格林）64, 65, 90-91, 104-106
History of Political Theory（Sabine）《政治学说史》（萨拜因）89
History of the Peloponnesian War（Thucydides）《伯罗奔半岛战争志》（修昔底德）127-128
History of the Race Idea from Ray to Carus（Voegelin）《思想史上的种族观念：从雷伊到卡鲁斯》（沃格林）45, 52-53, 83
Hitler, Adolf 希特勒 34, 46, 70, 78, 82, 142
Hobbes, Thomas 托马斯·霍布斯 79, 94
Holcombe, Arthur 何尔康 71, 72, 84
Humanisme et Terreur（Merleau-Ponty）《人道主义和恐怖》（梅洛-庞蒂）

75

Human nature 人性 147

Human Nature and Conduct（Dewey）《人性与行为》（杜威）56

Human Nature and Property（Commons）《人性与财产权》（康芒斯）58

Hupka 胡普卡 33

Husserl, Edmund 埃德蒙德·胡塞尔 59

Hypostasis 实体 99

Ibn-Khaldun 伊本－赫尔东 113

Ideas 观念 90, 104–105

Ideology 意识形态 39–40, 45–46, 73–75, 78, 85, 114–115, 122–123, 127

Ikhnaton 埃赫纳顿 79

Immanentism 内在主义 93–94

"Immortality: Experience and Symbol"（Voegelin）《不朽：经验与符号》（沃格林）101

In-Between 间际 98–99, 147

India 印度 129

Institute of Political Science（Munich）政治科学研究所（慕尼黑大学）112–117

Institutionalism 制度论 80

Interaction and Spiritual Community（Voegelin）《交互行动与精神共同体：一项方法论的研究》（沃格林）54n1

Isaiah 以赛亚 94–95

Israelite 以色列人 93, 94–95

Jackson, Robert H 罗伯特·H·杰克逊

Jäger, Werner 维尔纳·耶格尔 120

James, William 威廉·詹姆士 98, 99

Jaspers, Karl 卡尔·雅斯贝尔斯 57, 129, 134

Jean-Paul（Kommerell）《让－保罗》（科默雷尔）44

Jesus Christ 耶稣基督 134，135，137，138，146
Jung, Carl 卡尔·荣格 93，113
Justice Department, U.S. 美国司法部 115

Kaiser Friedrich II（Kantorowicz）《弗里德里希二世皇帝》（坎托罗维奇）44
Kant, Immanuel 康德 50
Kantorowicz, Ernst 恩斯特·坎托罗维奇 44
Kapital（Marx）《资本论》（马克思）38
Kaufmann, Felix 费利克斯·考夫曼 34，35，36，48
Kelsen, Hans 汉斯·凯尔森 31–34，48–51，60
Kerényi, Karl 卡尔·凯雷尼 120
Kierkegaard, Søren 基尔克果 105
Kinesis 骚乱 127–128
Koinai ennoiai 共同观念 90
Kolberg, Echard 埃沙尔·科尔贝格 113
Kommerell, Max 马克斯·科默雷尔 44
Kopatschek 科帕切克 38
Kraus, Karl 卡尔·克劳斯 45–47，69，78，113
Kraus, Otto Erwin 奥托·埃尔温·克劳斯 37
Kries, Ernst 恩斯特·克里斯 32
Kronos 克罗诺斯 138

La Fayette, Madame de 拉斐特夫人 63
Lalou, René 勒内·拉娄 63
Landshut, Siegfried 西格弗里德·兰茨胡特 76
Land und Herrschaft（Brunner）《国家与统治》（布鲁纳）32n1
Lao-tse 老子 91，113
La Rochefoucauld, Duc de 拉罗什富科尔公爵 64
Leap in being 存在中的飞跃 105
Lettre à Jean Bautru（Bodin）《致让·勃特鲁书》（博丹）138–139

Letzten Tage der Menschheit（Kraus），*Die*《人类末日》（克劳斯）46
Leviathan（Hobbes）《利维坦》（霍布斯）79
Lucien Levy-Bruhl 鲁西安·列维 – 布留尔 98
Likemindedness 同心 57-58
Locke，John 约翰·洛克 90
Logos 逻各斯 102，135
Long，Huey 休伊·朗 74
Louisiana State University 路易斯安那州立大学 49，86-88，114，115
Lozinski G. 洛津斯基 62
Lubac，Henri de 亨利·德·吕巴克 53，120

Mach，Ernst 恩斯特·马赫 31
Machiavelli，Niccolò 尼科洛·马基雅维利 64，65，121
Machlup，Fritz 弗里茨·马克卢普 34，35
Macmahon，John Whittier 约翰·惠蒂尔·麦克马洪 56
Magic 魔法 95
Magie und Manipulation（Vondung）《魔术和操纵》（冯东）114
Maier，Robert 罗伯特·迈尔 37-38
Mallarmé，Stéphane 斯蒂芬·马拉美 44，63
Mannheim，Karl 卡尔·曼海姆 57
Mann，Thomas 托马斯·曼 120
Maritain，Jacques 雅克·马里旦 53
Martin，Mildred 米尔德丽德·马丁 85
Martin，Roscoe 罗斯科·马丁 85
Marx，Karl 马克思 38，76-77，82，109，123，124，127，146
Marxism 马克思主义 38，39，53，74，111
Matière et Mémoire（Bergson）《物质与记忆》（柏格森）63
McGraw-Hill 麦格劳·希尔图书公司 89
Mein Kampf（Hitler）《我的奋斗》（希特勒）82
Mémoire literature 回忆录文献 63-64
Merkl，Adolf 阿道夫·默克尔 31，34，48，67

Merleau-Ponty, Maurice 毛里斯·梅洛－庞蒂 75
Metaphysics 形而上学 124
Metaphysics（Aristotle）《形而上学》（亚里士多德）105，133
Metastatic apocalypse 变形启示录 93-95
Meta ta physica 物理学之后 105
Metaxy 间际 98，99
Metropolitan Museum of Art 大都会艺术博物馆 34，35
Meyer, Eduard 爱德华·迈尔 42-43，44
Mises, Ludwig von 路德维希·冯·米塞斯 31，34
Mochulski, Konstantin V. 康斯坦丁·V. 穆绍尔斯基 62
Modernity 现代性 128
Morgan, Thomas Hunt 托马斯·亨特·摩根 52，56
Morgenstern, Oscar 奥斯卡·摩根斯坦 34，35
Morstein-Marx, Fritz 弗里茨·莫施泰因－马克思 89
Murray, Gilbert 吉尔伯特·默里 55
Musil, Robert 罗伯特·穆西尔 113，122
Mussolini, Benito 墨索里尼 68，70，82
Mysticism 神秘主义 137-139
Mysticism East and West（Otto）《东西方的神秘主义》（奥托）138

Nabi 代言人 135
National Socialism 国家社会主义 34，46-47，52-53，66，70，72-74，77-78，79，82-83，85，111，116
Nature of the Law and Related Legal Writings（Voegelin）《法的性质及相关法学著作》（沃格林）49n1
Naumann, Michael 米夏埃尔·瑙曼 113
Neo-Kantianism 新康德主义 49，50，121
Neo-Platonism 新柏拉图主义 76，77，93-93
Neo-Thomism 新托马斯主义 53
New School for Social Research 新社会研究学院 34
New Science of Politics（Voegelin）《新政治科学》（沃格林）94

Nietzsche, Friedrich 尼采 90, 94, 95
Normligik 规范逻辑 50
Novum Organum（Bacon）《新工具》（培根）118–119

On the Form of the American Mind（Voegelin）《论美国精神的形式》（沃格林）45, 59–60, 66, 83, 96–97
Opitz, Peter J. 彼特·J·奥皮茨 113
Order 秩序 102, 127–128
Order and History（Voegelin）《秩序与历史》（沃格林）104–109, 128–130
Oriental Institute（Chicago）芝加哥大学东方研究所 90, 98, 120
Origins of Totalitarian Democracy（Talmon）《极权主义民主的起源》（塔尔蒙）80
Orwell, George 乔治·奥威尔 120
Otto, Rudolf 鲁道夫·奥托 138
Ouranos 乌拉诺斯 133
Oxford University 牛津大学 55

Parmenides 巴门尼德 67
Paricipation 参与 98
Paul 保罗 93, 137, 145, 146
Periagoge 转向 125
Perlman, Selig 塞利格·珀尔曼 58
Persian Empire 波斯帝国 129
Phenomenology 现象学 96–97
Phenomenology（Hegel）《精神现象学》（黑格尔）123–124
Philomythos 爱神话者 133
Philosopher 哲学家 148
Philosophos 爱智慧者 133
Philosophy 哲学 118–126, 127–128, 128–130, 131–132, 133–136, 147
Philosophy of Law（Hegel）《法哲学》（黑格尔）

Plato 柏拉图 34，44–45，67，98，99，119，125，126，135，138，145，147

Plotinus 普诺提诺 76，102

Polarization 极化 141–144

Polis 城邦 125

Political Apocalypse（Sandoz）《政治启示录》（桑多兹）113n1

Political Religions（Voegelin）《政治宗教》（沃格林）78–79

Polybius 珀律比俄斯 129

Polynesian cultures 波利尼西亚人的文化 109

Porter, Katherine Anne 凯瑟琳·安妮·波特 86

Powell, Thomas Reed 托马斯·瑞德·鲍威尔 58

Princesse de Clèves, La（La Fayette）《克莱芙王妃》（拉斐特夫人）63

Prince, The（Machiavelli）《君主论》（马基雅维利）64

Prometheus（Balthasar）《普罗米修斯》（巴尔塔萨）92

Prophets 先知 93，94–85，134，135

Proust, Marcel 马塞尔·普鲁斯特 63

Pseudo-Dionysius 托名狄奥尼索斯 137–138

Psyche 心 137

Puech, Henri Charles 亨利·查理·普埃奇 93，120

Pure experience 纯粹经验 98，99

Pure Theory of Law 纯粹法理论 31，48–51，81

Pursuit of the Millennium（Cohn）《追寻千年王国》（柯亨）

Quadragesimo Anno《四十年通谕》53

Quispel, Gelles 盖利斯·魁斯佩尔 93，120

Race 种族 52–53，66

Rad, Gerhard von 格哈德·冯·拉德 95

Radiocarbon dating 放射性碳测定 108

Rafael（Stein）《拉斐尔》（施泰因）44

Reality 实在 102–103，118–126

reason 理性 134
Rechtslehre 法律理论 49–50
Reformation 宗教改革 74
Reid, Thomas 托马斯·里德 56
"Reine Rechtslehre und Staatslehre"(Voegelin)《纯粹法理论与政治理论》（沃格林）50
Relativity theory 相对论 37–38
Retz, Cardinal de 雷茨枢机主教 64
Revelation 启示 134–135
Revel, Jean-François 让-弗兰索瓦·雷韦尔 141n1
Review of Politics《政治学评论》65
Revolutions 革命 140–141, 146
Rickert, Heinrich 海因里希·李凯尔特 40, 50
Rockefeller Foundation 洛克菲勒基金会 56, 62
Roman Empire 罗马帝国 129, 131
Roosevelt, Franklin D. 罗斯福 115
Rougier, Louis 路易·鲁吉耶 78
Rousseau, Jean-Jacques 卢梭 80

Sabine, George H. 乔治·H·萨拜因 89
Saint-Juste, Louis Antoine Leon de 圣茹斯特 75
Sandoz, Ellis 埃利斯·桑多兹 113
Santayana, George 乔治·桑塔亚纳 59–60, 63
Sartre, Jean-Paul 让-保罗·萨特 134
Schabert, Tilo 蒂洛·沙贝特 113
Scheler, Max 马克斯·舍勒 57, 66–67
Shelling, F. W. J. von 谢林 34, 90, 93
Shey 沙伊 33
Schiff, Georg 格奥尔格·席夫 35
Schleiermacher, Friedrich 施莱尔马赫 93
Schlick, Moritz 莫里茨·石里克 31

Schmitt, Carl 卡尔·施密特 80
Schreier, Fritz 弗里茨·施赖埃尔 34
Schrigtenteihe zur Politik und Geschichte《政治与历史论丛》113
Schumpeter, Joseph von 约瑟夫·冯·熊彼特 31
Schuschnigg, Kurt von 库尔特·冯·舒施尼格 82
Shültz, Alfred 阿尔弗雷德·舒尔茨 34, 35, 36, 96
Science 科学 50
Science, Politics, and Gnosticism（Voegelin）《科学、政治和灵知主义》（沃格林）76
Second Coming 第二次降临 137, 146
Second reality 第二实在 122
Sein und Zeit（Heidegger）《存在与时间》（海德格尔）60-61
Sertillanges, A. D. 塞蒂扬热 53
Shakespeare und der Deutsche Geist（Gundolf）《莎士比亚与德意志精神》（贡多尔夫）44
Siger de Brabant 布拉班特的西格尔 80
Simmel, Georg 格奥尔格 54
Sivers, Peter von 彼特·冯·西韦尔斯 113
Snell, Bruno 布鲁诺·斯内尔 120
Social Democratic party 社会民主党 32-33, 68-69, 111-112
Social science 社会科学 40
Sociology of Religion（Weber）《宗教社会学》（韦伯）39
Solzhenitsyn, Alexander 亚历山大·索尔仁尼琴 119
Soul 灵魂 94
Southern Political Science Association 南方政治科学学会 86
Southern Review《南方评论》86
Spann, Othmar 奥瑟玛·施潘 32, 33, 34, 48, 49, 54
Spengler, Oswald 奥斯瓦尔德·斯宾格勒 42, 44, 60, 140
Sprung 飞跃 105
Ssu-ma Ch'ien 司马迁 129
Ssu-ma T'an 司马谈 129

Staat 国家 51
Staatslehre 政治理论 49–50，66
Stefan-George-Kreis 格奥尔格团体 44–45，67
Stein, Wilhelm 威廉·施泰因 44
Stellung des Menschen im Kosmos, Die（Scheler）《人在宇宙中的位置》（舍勒）67
Stern, Kurt 库尔特·斯特恩 52
Stoicism 廊下派 101–102，125–126
Strebinger 施特雷宾格 38
Strisower, Leo 利奥·施特里索尔 33
Strzigowski, Josef 约瑟夫·斯特齐戈夫斯基 32
Study of History（Toynbee）《历史研究》（汤因比）113
Sublimation 升华 95
Supreme Court, U. S. 美国最高法院 58–59，60，69，87
Swoboda, Hermann 赫尔曼·斯沃博达 32
Symbolism 符号话语 92，99–100
Symbolist poetry 象征主义诗歌 44
Symbols 符号 79–80，99–100，106，121–122，137

Talmon, J. L. 塔尔蒙 80
Tamerlane 帖木儿 64
Tatsachenwissenschaften 事实科学 50
Terminiello case 泰尔米涅洛案 69
Thibaudet, Albert 阿尔贝·蒂博代 63
Thomas Aquinas 托马斯·阿奎那 80，105，135，138
Thucydides 修昔底德 126，127–128
"Timurbild der Humanisten, Das"（Voegelin）《人文主义者笔下的帖木儿》（沃格林）64
Topoi 名目 118
Toynbee, Arnold J. 阿诺德·J·汤因比 42，44，60，113，129–130
Trois Contes（Flaubert）《三故事》（福楼拜）62

索 引

United States 美国 85，71-72，114-115，131-132，140-141，141-144，
Universities 大学 85，114-115，116-117
University of Alabama 亚拉巴马大学 85-86，89-90
University of Chicago 芝加哥大学 90，98，120
University of Vienna 维也纳大学 31-34，36，48，49，69，70，79，111，112，121
University of Wisconsin 威斯康星大学 56，58-59，61

Valéry, Paul 保罗·瓦莱里 44，59，63
Values 价值 50-51
Vauvenargues, Marquise de 沃夫纳格侯爵 64
Verantwortungsethik 责任伦理 39
Verdross, Alfred von 阿尔弗雷德·冯·费德罗斯 31，34，48
Vernunft 理性 134
Vettori, Francesco 弗兰切斯科·韦托里 121
Vietnam War 越战 142-143
Violence 暴力 146
Voegelin, Luise Betty "Lissy" Onken 沃格林夫人（原名路易丝·贝蒂·翁肯，昵称"莉茜"）71，72，83，85，115
Vondung, Klaus 克劳斯·冯东 113-134

Waelder, Robert 罗伯特·韦尔德 32，35
Warburg Institute 瓦堡学院 65
Warren, Robert Penn 罗伯特·潘·沃伦 86，87
Weber, Alfred 阿尔弗雷德·韦伯 43，44，57
Weber, Max 马克斯·韦伯 39-41，44，60，73，74
Weber-Schaefer, Peter 彼特·韦伯-舍费尔 113
Wechselwirkung 精神共同体 54
Weininger, Otto 奥托·魏宁格尔 32
Wellesz, Egon 埃贡·韦勒斯 32

Wertbeziehende Methode 价值参照法 51
Wertwissenschaften 价值科学 50
Wesley, John 约翰·卫斯理 56
Whitehead, Alfred North 阿尔弗雷德·诺斯·怀特海 58, 148
Wieser, Leopold von 利奥波德·冯·维泽尔 31
Wilde, Johannes 约翰内斯·维尔德 35
William of Ockham 奥卡姆的威廉 138
Williams, T. Harry 哈里·威廉姆斯 115
Windelband, Wilhelm 威廉·文德尔班 40, 50
Winternitz, Emanuel 伊曼纽尔·温特尼茨 34, 35, 48
Wirschaft und Gesellschaft（Weber）《经济与社会》（韦伯）39
Wissenschaft und Politik（Weber）《学术和政治》（韦伯）39
Wittgenstein, Ludwig 路德维希·维特根斯坦 31
World War II 第二次世界大战 142-143

译 后 记

埃里克·沃格林（Eric Voegelin，1901—1985）是20世纪西方最伟大的政治哲学家之一。在实证主义政治科学独领风骚的年代里，沃格林凭借渊博的学问和深刻的见识，对人之本性、处境和命运进行了深邃的思考和探索，试图恢复对政治事务之本质的洞察，重建真正的政治科学。沃格林生前发表了上百篇论文和多种著作，其中以《新政治科学》和《秩序与历史》（5卷）最为著名，现有《沃格林全集》34卷行世。

《自传体反思录》是根据沃格林1973年访谈录音整理成文的一部自传。在书中，沃格林详细讲述了他早年求学及任教于维也纳大学，1938年因纳粹迫害而流亡，以及后来在美国及德国执教和从事研究的人生经历，披露了沃格林在漂泊不定、纷纭扰攘的学院生活中不断拓展学术视野，从西方古典和中世纪文明中汲取源头活水，逐渐摆脱流行的学术思想风尚，进入哲学化生存境域的心路历程，展现了沃格林对于身处制度坍塌、智识败坏和人格堕落的乱局中如何寻找淑身济世之道的探索及日益精进的见地。

本书所提供的历史和生平背景，不仅揭示了沃格林从事学术研究的动机，而且对于沃格林著作中的绝大多数核心观念，也辨章其渊源，勾勒其发展，是理解沃格林思想的一部提纲挈领、简明易读的入门书。

这个译本所依据的底本是英文版《沃格林全集》第 34 卷，在翻译过程中参考了徐志跃先生的译本。但愿这个译本的出版，对于推进汉语学界的沃格林研究能够有所裨益。

值此译稿付梓之际，衷心感谢李强教授、刘小枫教授、萧正洪教授、宋宽锋教授、叶颖兄和我的爱人裴亚琴对这项译事的支持和帮助。

段保良
2018 年 1 月 18 日于陕西师范大学

图书在版编目（CIP）数据

自传体反思录/(美)沃格林(Eric Voegelin)口述；(美)桑多兹（Ellis Sandoz）整理；段保良译.--北京：华夏出版社，2018.5
（西方传统：经典与解释）
书名原文:Autobiographical Reflections
ISBN 978-7-5080-9424-3

Ⅰ.①自… Ⅱ.①沃… ②桑… ③段… Ⅲ.①沃格林(Voegelin, Eric 1901—1985) – 自传 Ⅳ.①B712.59

中国版本图书馆CIP数据核字(2018)第021188号

Copyright ©2006 by The Curators of the University of Missouri
University of Missouri Press, Columbia, MO 65201
All rights reserved

北京市版权局著作权合同登记号：图字01-2017-4331号

自传体反思录

作　　者	[美]沃格林　[美]桑多兹
译　　者	段保良
责任编辑	王霄翎　李安琴
责任印制	刘　洋

出版发行	华夏出版社
经　　销	新华书店
印　　装	三河市少明印务有限公司
版　　次	2018年5月北京第1版 2018年5月北京第1次印刷
开　　本	880×1230　1/32
印　　张	6.125
字　　数	132千字
定　　价	42.00元

华夏出版社　网址：www.hxph.com.cn　地址：北京市东直门外香河园北里4号　邮编：100028
若发现本版图书有印装质量问题，请与我社营销中心联系调换。电话：（010）64663331（转）

西方传统：经典与解释
Classici et Commentarii
HERMES
刘小枫◎主编

古今丛编

孟德斯鸠的自由主义哲学
——《论法的精神》疏证　[美]潘戈 著
莫尔及其乌托邦　[德]考茨基 著
试论古今革命　[法]夏多布里昂 著
但丁：皈依的诗学　[美]弗里切罗 著
在西方的目光下　[英]康拉德 著
大学与博雅教育　董成龙 编
探究哲学与信仰
——基尔克果与苏格拉底　[美]郝岚 著
民主的本性
——托克维尔的政治哲学　[法]马南 著
梅尔维尔的政治哲学
——《切雷诺》及其解读　李小均 编/译
席勒美学的哲学背景　[美]维塞尔 著
果戈里与鬼　[俄]梅列日科夫斯基 著
自传性反思　[美]沃格林 著
黑格尔与普世秩序　[美]希克斯 等著
新的方式与制度
——马基雅维利的《论李维》研究
[美]曼斯菲尔德 著
科耶夫的新拉丁帝国　[法]科耶夫 等著
《利维坦》附录　[英]霍布斯 著
或此或彼（上、下）　[丹麦]基尔克果 著
海德格尔式的现代神学　刘小枫 选编
双重束缚　[法]基拉尔 著
古今之争中的核心问题
——施米特的学说与施特劳斯的论题　[德]迈尔 著
论永恒的智慧　[德]苏索 著
宗教经验种种　[美]詹姆斯 著
尼采反卢梭　[美]凯斯·安塞尔-皮尔逊 著
舍勒思想评述　[美]弗林斯 著
诗与哲学之争　[美]罗森 著
神圣与世俗　[罗]伊利亚德 著

但丁的圣约书　[美]霍金斯 著

古典学丛编

探究希腊人的灵魂　[美]戴维斯 著
尤利安文选　马勇 编/译
论月面　[古罗马]普鲁塔克 著
雅典谐剧与逻各斯
——《云》中的修辞、谐剧性及语言暴力
[美]奥里根 著
莱园哲人伊壁鸠鲁　罗晓颖 选编
《劳作与时日》笺释　吴雅凌 撰
希腊古风时期的真理大师　[法]德蒂安 著
古罗马的教育　[英]葛怀恩 著
古典学与现代性　刘小枫 编
表演文化与雅典民主政制
[英]戈尔德希尔、奥斯本 编
西方古典文献学发凡　刘小枫 编
古典语文学常谈　[德]克拉夫特 著
古希腊文学常谈　[英]多佛 等著
撒路斯特与政治史学　刘小枫 编
希罗多德的王霸之辨　吴小锋 编/译
第二代智术师
——罗马帝国早期的文化现象　[英]安德森 著
英雄诗系笺释　[古希腊]荷马 著
统治的热望
——修昔底德笔下的阿尔喀比亚德和帝国政治
[美]福特 著
论埃及神学与哲学
——伊希斯与俄赛里斯　[古希腊]普鲁塔克 著
凯撒的剑与笔　李世祥 编/译
伊壁鸠鲁主义的政治哲学
[意]詹姆斯·尼古拉斯 著
修昔底德笔下的人性　[美]欧文 著
修昔底德笔下的演说　[美]斯塔特 著
古希腊政治理论　[美]格雷纳 著
神谱笺释　吴雅凌 撰
赫西俄德：神话之艺
[法]居代·德·拉孔波 等著
赫拉克勒斯之盾笺释　罗逍然 译笺

《埃涅阿斯纪》章义　王承教 选编
维吉尔的帝国　[美]阿德勒 著
塔西佗的政治史学　曾维术 编

古希腊诗歌丛编
古希腊早期诉歌诗人　[英]鲍勒 著
诗歌与城邦　[美]费拉格、纳吉 主编
阿尔戈英雄纪（上、下）
[古希腊]阿波罗尼俄斯 著
俄耳甫斯教祷歌　吴雅凌 编译
俄耳甫斯教辑语　吴雅凌 编译

古希腊肃剧注疏集
希腊肃剧与政治哲学　[美]阿伦斯多夫 著

古希腊礼法
希腊人的正义观　[英]哈夫洛克 著

廊下派集
廊下派的神和宇宙　[墨]里卡多·萨勒斯 编
廊下派的城邦观　[英]斯科菲尔德 著

希伯莱圣经历代注疏
希腊化世界中的犹太人　[英]威廉逊 著
第一亚当和第二亚当　[德]朋霍费尔 著

新约历代经解
属灵的寓意　[古罗马]俄里根 著

基督教与古典传统
加尔文与现代政治的基础　[美]汉考克 著
无执之道
——埃克哈特神学思想研究　[德]文森 著
恐惧与战栗　[丹麦]基尔克果 著
托尔斯泰与陀思妥耶夫斯基
[俄]梅列日科夫斯基 著
论宗教大法官的传说　[俄]罗赞诺夫 著
海德格尔与有限性思想（重订版）
刘小枫 选编
上帝国的信息　[德]拉加茨 著
基督教理论与现代　[德]特洛尔奇 著
亚历山大的克雷芒　[意]塞尔瓦托·利拉 著
中世纪的心灵之旅
——波纳文图拉神学著作选　[意]圣·波纳文图拉 著

德意志古典传统丛编
彭忒西勒亚　[德]克莱斯特 著
穆佐书简　[奥]里尔克 著
纪念苏格拉底——哈曼文选　刘新利 选编
夜颂中的革命和宗教
——诺瓦利斯选集卷一　[德]诺瓦利斯 著
大革命与诗话小说
——诺瓦利斯选集卷二　[德]诺瓦利斯 著
黑格尔的观念论　[美]皮平 著
浪漫派风格——施勒格尔批评文集　[德]施勒格尔 著

美国宪政与古典传统
美国1787年宪法讲疏　[美]阿纳斯塔普罗 著

世界史与古典传统
从普遍历史到历史主义　刘小枫 编

启蒙研究丛编
现实与理性　[法]科维纲 著
论古人的智慧　[英]培根 著
托兰德与激进启蒙　刘小枫 编
图书馆里的古今之战　[英]斯威夫特 著

品达注疏集
幽暗的诱惑
——品达、晦涩与古典传统　[美]汉密尔顿 著

欧里庇得斯集
自由与僭越
——欧里庇得斯《酒神的伴侣》绎读　罗峰 编译

阿里斯托芬集
《阿卡奈人》笺释　[古希腊]阿里斯托芬 著

色诺芬注疏集
居鲁士的教育　[古希腊]色诺芬 著
色诺芬的《会饮》　[古希腊]色诺芬 著

柏拉图注疏集
柏拉图书简　彭磊 译著
哲学的奥德赛——《王制》引论　[美]郝兰 著
爱欲与启蒙的迷醉
——论柏拉图的《会饮》　[美]贝尔格 著
为哲学的写作技艺一辩
——《斐德若》疏证　[美]伯格 著

柏拉图式的迷宫——《斐多》义疏　[美]伯格 著
哲学如何成为苏格拉底式的　[美]朗佩特 著
苏格拉底与希琵阿斯　王江涛 编译
理想国　[古希腊]柏拉图 著
谁来教育老师——《普罗塔戈拉》发微　刘小枫 编
立法者的神学
——柏拉图《法义》卷十绎读　林志猛 编
柏拉图对话中的神　[法]薇依 著
厄庇诺米斯　[古希腊]柏拉图 著
智慧与幸福
——柏拉图的《厄庇诺米斯》　程志敏 选编
论柏拉图对话　[德]施莱尔马赫 著
柏拉图《美诺》疏证　[美]克莱因 著
政治哲学的悖论
——苏格拉底的哲学审判　[美]郝岚 著
神话诗人柏拉图　张文涛 选编
阿尔喀比亚德　[古希腊]柏拉图 著
叙拉古的雅典异乡人
——柏拉图《书简七》探幽　彭磊 选编
阿威罗伊论《王制》　[阿拉伯]阿威罗伊 著
《王制》要义　刘小枫 选编
柏拉图的《会饮》　[古希腊]柏拉图 等著
苏格拉底的申辩（修订版）　[古希腊]柏拉图 著
苏格拉底与政治共同体　[美]尼柯尔斯 著
政制与美德——柏拉图《法义》疏解　[美]潘戈 著
《法义》导读　[法]卡斯代尔·布舒奇 著
论真理的本质　[德]海德格尔 著
哲人的无知　[德]费勃 著
米诺斯　[古希腊]柏拉图 著

亚里士多德注疏集
亚里士多德《政治学》中的教诲　[美]潘戈 著
品格的技艺　[美]加佛 著
亚里士多德哲学的基本概念　[德]海德格尔 著
《政治学》疏证　[意]托马斯·阿奎那 著
尼各马可伦理学义疏
——亚里士多德与苏格拉底的对话　[美]伯格 著
哲学之诗
——亚里士多德《诗学》解诂　[美]戴维斯 著

对亚里士多德的现象学解释　[德]海德格尔 著
城邦与自然——亚里士多德与现代性　刘小枫 编
论诗术中篇义疏　[阿拉伯]阿威罗伊 著
哲学的政治
——亚里士多德《政治学》疏证　[美]戴维斯 著

普鲁塔克集
普鲁塔克的《对比列传》　[英]达夫 著
普鲁塔克的实践伦理学　[比利时]胡芙 著

阿尔法拉比集
政治制度与政治箴言　阿尔法拉比 著

莎士比亚绎读
莎士比亚的历史剧　[英]蒂利亚德 著
莎士比亚戏剧与政治哲学　彭磊 选编
莎士比亚的政治盛典　[美]阿鲁里斯/苏利文 编
丹麦王子与马基雅维利　罗峰 选编

洛克集
上帝、洛克与平等　[美]沃尔德伦 著

卢梭集
论哲学生活的幸福　[德]迈尔 著
致博蒙书　[法]卢梭 著
政治制度论　[法]卢梭 著
哲学的自传
——卢梭的《孤独漫步者的遐思》　[美]戴维斯 著
文学与道德杂篇　[法]卢梭 著
设计论证
——卢梭的《社会契约论》　[美]吉尔丁 著
卢梭的自然状态　[美]普拉特纳 等著
卢梭的榜样人生
——作为政治哲学的《忏悔录》　[美]凯利 著

莱辛注疏集
汉堡剧评　[德]莱辛 著
关于悲剧的通信　[德]莱辛 著
《智者纳坦》研究版　[德]莱辛 等著
启蒙运动的内在问题
——莱辛思想再释　[美]维塞尔 著
莱辛剧作七种　[德]莱辛 著
历史与启示——莱辛神学文选　[德]莱辛 著

论人类的教育
——莱辛政治哲学文选 [德]莱辛 著

尼采注疏集

尼采引论 [德]施特格迈尔 著

尼采与基督教
——尼采的《敌基督》论集 刘小枫 编

尼采眼中的苏格拉底 [美]丹豪瑟 著

尼采的使命
——《善恶的彼岸》绎读 [美]朗佩特 著

尼采与现时代
——解读培根、笛卡尔与尼采 [美]朗佩特 著

动物与超人之间的绳索 [德]A.彼珀 著

施特劳斯集

原著

论僭政（重订本）——色诺芬《希耶罗》义疏 [美]施特劳斯 [法]科耶夫 著

苏格拉底问题与现代性（增订本）
——施特劳斯讲演与论文集：卷二

犹太哲人与启蒙
——施特劳斯演讲与论文集：卷一

霍布斯的宗教批判

斯宾诺莎的宗教批判

门德尔松与莱辛

哲学与律法——论迈蒙尼德及其先驱

迫害与写作艺术

柏拉图式政治哲学研究

论柏拉图的《会饮》

柏拉图《法义》的论辩与情节

什么是政治哲学

古典政治理性主义的重生（重订本）

回归古典政治哲学——施特劳斯通信集

苏格拉底与阿里斯托芬

研究作品

论源初遗忘
——海德格尔、施特劳斯与哲学的前提
[美]维克利 著

政治哲学与启示宗教的挑战 [德]迈尔 著

阅读施特劳斯 [美]斯密什 著

施特劳斯与流亡政治学 [美]谢帕德 著

隐匿的对话
——施米特与施特劳斯 [德]迈尔 著

驯服欲望
——施特劳斯笔下的色诺芬撰述 [法]科耶夫 等著

施米特集

宪法专政
——现代民主国家中的危机政府 [美]罗斯托 著

施米特对自由主义的批判 [美]约翰·麦考米克 著

伯纳德特集

古典诗学之路（第二版）
——相遇与反思：与伯纳德特聚谈 [美]伯格 编

弓与琴（重订本）
——从柏拉图解读《奥德赛》 [美]伯纳德特 著

神圣的罪业 [美]伯纳德特 著

布鲁姆集

巨人与侏儒（1960-1990）

人应该如何生活——柏拉图《王制》释义

爱的设计——卢梭与浪漫派

爱的戏剧——莎士比亚与自然

爱的阶梯——柏拉图的《会饮》

伊索克拉底的政治哲学

沃格林集

自传体反思录 [美]沃格林 著

大学素质教育读本

古典诗文绎读 西学卷·古代编（上、下）

古典诗文绎读 西学卷·现代编（上、下）

中国传统：经典与解释
Classici et Commentarii

家亚甫年
刘小枫　陈少明◎主编

论语说义 / [清]宋翔凤 撰
周易古经注解考辨 / 李炳海 著
浮山文集 / [明]方以智 著
药地炮庄 / [明]方以智 著
药地炮庄笺释·总论篇 / [明]方以智 著
青原志略 / [明]方以智 编
冬灰录 / [明]方以智 著
冬炼三时传旧火 / 邢益海 编
《毛诗》郑王比义发微 / 史应勇 著
宋人经筵诗讲义四种 / [宋]张纲 等撰
道德真经藏室纂微篇 / [宋]陈景元 撰
道德真经四子古道集解 / [金]寇才质 撰
皇清经解提要 / [清]沈豫 撰
经学通论 / [清]皮锡瑞 著
松阳讲义 / [清]陆陇其 著
起凤书院答问 / [清]姚永朴 撰
周礼疑义辨证 / 陈衍 撰
《铎书》校注 / 孙尚扬 肖清和 等校注
韩愈志 / 钱基博 著
论语辑释 / 陈大齐 著
《庄子·天下篇》注疏四种 / 张丰乾 编
荀子的辩说 / 陈文洁 著
古学经子 / 王锦民 著
经学以自治 / 刘少虎 著
从公羊学论《春秋》的性质 / 阮芝生 撰

刘小枫集

以美为鉴：注意美国立国原则的是非未定之争
海德格尔与中国
古典学与古今之争 [增订本]
这一代人的怕和爱 [第三版]
沉重的肉身 [珍藏版]
圣灵降临的叙事 [增订本]
罪与欠
儒教与民族国家
拣尽寒枝
施特劳斯的路标
重启古典诗学
共和与经纶
设计共和
现代性与现代中国：现代性社会理论绪论
诗化哲学 [重订本]
拯救与逍遥 [修订本]
走向十字架上的真
卢梭与我们
西学断章
现代人及其敌人
好智之罪：普罗米修斯神话通释
民主与爱欲：柏拉图《会饮》绎读
民主与教化：柏拉图《普罗塔戈拉》绎读
巫阳招魂：《诗术》绎读

编修 [博雅读本]

凯若斯：古希腊语文读本 [全二册]
古希腊语文学述要
雅努斯：古典拉丁语文读本
古典拉丁语文学述要
危微精一：政治法学原理九讲
琴瑟友之：钢琴与古典乐色十讲

经典与解释辑刊

1. 柏拉图的哲学戏剧
2. 经典与解释的张力
3. 康德与启蒙
4. 荷尔德林的新神话
5. 古典传统与自由教育
6. 卢梭的苏格拉底主义
7. 赫尔墨斯的计谋
8. 苏格拉底问题
9. 美德可教吗
10. 马基雅维利的喜剧
11. 回想托克维尔
12. 阅读的德性
13. 色诺芬的品味
14. 政治哲学中的摩西
15. 诗学解诂
16. 柏拉图的真伪
17. 修昔底德的春秋笔法
18. 血气与政治
19. 索福克勒斯与雅典启蒙
20. 犹太教中的柏拉图门徒
21. 莎士比亚笔下的王者
22. 政治哲学中的莎士比亚
23. 政治生活的限度与满足
24. 雅典民主的谐剧
25. 维柯与古今之争
26. 霍布斯的修辞
27. 埃斯库罗斯的神义论
28. 施莱尔马赫的柏拉图
29. 奥林匹亚的荣耀
30. 笛卡尔的精灵
31. 柏拉图与天人政治
32. 海德格尔的政治时刻
33. 荷马笔下的伦理
34. 格劳秀斯与国际正义
35. 西塞罗的苏格拉底
36. 基尔克果的苏格拉底
37. 《理想国》的内与外
38. 诗艺与政治
39. 律法与政治哲学
40. 古今之间的但丁
41. 拉伯雷与赫尔墨斯秘学
42. 柏拉图与古典乐教
43. 孟德斯鸠论政制衰败
44. 博丹论主权
45. 道伯与比较古典学
46. 伊索寓言中的伦理
47. 斯威夫特与启蒙
48. 赫西俄德的世界
49. 洛克的自然法辩难